ANALYSE TRANSACTIONNELLE ET SOIN INFIRMIER

 *PSYCHOLOGIE ET SCIENCES HUMAINES*

Georges Nizard

analyse transactionnelle et soin infirmier

Préface de Rosette A. POLETTI

2ᵉ *édition*

PIERRE MARDAGA, EDITEUR
2, GALERIE DES PRINCES, 1000 BRUXELLES

© Pierre Mardaga, éditeur
37, rue de la Province, 4020 Liège
2, Galerie des Princes, 1000 Bruxelles
D. 1985-0024-29

*A ma femme et mes enfants
qui m'ont entouré de leur tendresse
et prêté ces heures d'écriture.*

Préface

Comme le souligne l'auteur du présent ouvrage, la situation des professionnels des soins infirmiers est en train de se transformer rapidement. Un mouvement est en route dont l'une des idées de base est l'individualisation des soins. En effet, l'être humain est unique et deux personnes atteintes d'une même affection peuvent être fondamentalement différentes, aussi bien par leur expérience de la vie que par leurs ressources physiques, psychiques et sociales.

C'est pourquoi le « processus de soins », outil spécifique aux professionnels des soins, consiste à recueillir les données individuelles concernant le patient, à les analyser, à intervenir à la lumière de la connaissance et de l'expérience et enfin à évaluer scientifiquement les résultats des interventions.

Ainsi, dispenser des soins de manière scientifique nécessite une réflexion et des connaissances solides et étendues, ce qui n'exclut pas la nécessité de certains réflexes et automatismes professionnels. Il s'agit de se demander à chaque fois si l'intervention prévue constitue bien le meilleur moyen d'aider le patient et sa famille à progresser vers le « mieux-être ». Ce passage aux soins scientifiques a pour corollaire inévitable le passage de *soins infirmiers dépendants aux soins infirmiers responsables*.

Donner des soins de façon responsable implique de prendre des risques, et de connaître les conséquences des décisions, des attitudes et des gestes accomplis. C'est aussi comprendre la nécessité de la recherche en soins infirmiers et désirer la promouvoir et y participer.

But des soins infirmiers et rôle de l'infirmière :

Le but des soins infirmiers est donc, à la lumière de cette évolution, d'augmenter le « bien-être » de l'individu. Ils s'adressent de ce fait aussi bien à l'être humain « malade » qu'à celui qui est en « bonne santé ». Le rôle de l'infirmière consiste dès lors à dispenser tous les soins de base en collaboration avec le patient lui-même ainsi qu'avec sa famille et avec les infirmières-assistantes et les autres professionnels de la santé. *Sa spécificité réside, entre autres, dans sa vision globale de l'être humain inséré dans son environnement et dans l'aide qu'elle lui apporte dans sa quête, consciente ou non, d'un état de bien-être ou de mieux-être.*

L'infirmière est la personne la plus à même de prescrire le type de soins de confort dont a besoin le patient, de donner des directives quant à la manière de dispenser ces soins et de superviser ce qui est fait dans ce sens. Elle est en outre appelée à accomplir un certain nombre de tâches déléguées par le corps médical et à rapporter ce qu'elle observe au médecin. L'étendue de cette partie de son rôle varie selon les pays, les époques et le nombre de médecins disponibles, mais l'infirmière ne néglige jamais son rôle propre qui est d'aider le patient à atteindre un état de « mieux-être ».

Enfin, lorsque la santé ne peut plus être restaurée, elle aide la personne à cheminer vers la mort dans le plus grand confort physique et psychologique, ainsi que dans la plus grande dignité possible.

La notion de responsabilité de l'individu à l'égard de sa propre santé est d'ailleurs l'un des éléments essentiels de cette approche nouvelle des soins infirmiers. Les systèmes mis en place dans divers pays pour permettre à chacun d'avoir accès aux soins n'ont pas toujours été positifs. Ils ont contribué à souligner la dépendance de l'individu par rapport à un « système » appelé à se porter garant de sa santé.

Une nouvelle conception de la santé s'ébauche, qui peut être résumée par les six formules suivantes :

1. *La santé comprend des états longtemps décrits en termes de pathologie.* « La santé, dit René Dubos, c'est de pouvoir faire ce que l'on veut faire. » « La santé ne peut pas être séparée de la vie totale de la personne. » Ainsi, un diabétique qui a accepté sa maladie et qui a appris à guérir ses symptômes et à surmonter les problèmes psychologiques qui en découlent, peut être considéré comme une personne « en santé ». De même qu'un paraplégique ayant appris à vivre

pleinement et à s'adapter à son environnement dans les limites qui sont les siennes.

2. *La plupart des états pathologiques peuvent être considérés comme des manifestations du « mal-être » d'un individu.* On peut ainsi envisager que certaines personnes n'arrivent pas à communiquer autrement que par la maladie, ce qui se passe dans leur vie. Ainsi, l'enfant surprotégé qui voudrait dire son inconfort, mais qui ne peut le manifester qu'à travers une crise d'asthme, l'ouvrier émigré qui n'arrive pas à vivre loin de ceux qu'il aime et dont la peine ne se manifeste qu'au niveau d'ulcères gastro-duodénaux, le contremaître toujours tendu et stressé qui essaie en vain de contenter ses supérieurs et subordonnés et qui « fait un infarctus », l'enfant rejeté qui crie son abandon à travers ses plaques d'eczéma, ou encore la jeune mère de famille submergée de travail et qui sombre dans l'alcoolisme : autant d'exemples de communication par le moyen de la maladie.

3. *Le « mal-être » de l'individu qui se manifeste finalement par des phénomènes pathologiques existait avant le changement fonctionnel ou structurel appelé maladie.* Certains chercheurs ont montré que le mode de comportement qui permet le développement du problème cardio-vasculaire ou même de certaines formes de cancer précédait l'apparition de la pathologie. La maladie ne serait dès lors que l'aboutissement de mois ou d'années d'un comportement endommageant.

4. *La disparition de la pathologie ne détermine pas nécessairement un changement dans le comportement de la personne.* Une personne en train de se remettre d'un infarctus ne va pas adopter du jour au lendemain un mode de vie calme et détendu. Au contraire, il est fort probable que ce qui l'a amenée à la maladie l'amène à une rechute, à moins que les soins qui lui sont prodigués s'accompagnent d'un enseignement visant à l'aider à reconnaître et à modifier les aspects nocifs de son comportement. La maladie n'est donc pas seulement quelque chose dont il faut se débarrasser à tout prix : elle a parfois valeur de signal ou de message qu'il importe d'entendre et de comprendre.

5. *Etre malade représente parfois le seul comportement possible...* Lorsqu'une personne n'est plus capable de suivre le rythme de la vie biologique et sociale, elle peut être tentée de s'en écarter pour se mettre à l'abri, pour souffler un peu. Comprendre la signification de la maladie qui survient chez cette personne à ce moment-là constituera l'une des étapes les plus importantes du traitement. Le cas de personnes isolées prêtes, pour qu'on s'occupe d'elles, à être hospita-

lisées et à subir des examens pénibles et fastidieux, est à cet égard révélateur.

6. *En fin de compte, la santé passe par une prise de conscience et par une lucidité accrues, par une meilleure harmonie avec soi-même ainsi qu'avec les autres au sein de l'environnement dans lequel on vit en accord avec le cadre de référence philosophique ou religieux choisi.* Plus l'être humain prend conscience de ce qui est bon et mauvais pour lui, ainsi que de ses besoins fondamentaux, plus il se situe par rapport à ceux qui l'entourent, plus il voit un sens à son existence et plus il est en santé. Selon le psychiatre autrichien Viktor Frankel, l'être humain est capable de supporter n'importe quelle situation, pourvu qu'il sache «pourquoi». Une telle vision globale de la santé modifie sensiblement l'optique habituelle des soins infirmiers. La notion de droit à la santé disparaît d'elle-même et se trouve remplacée par celle de responsabilité collective et individuelle. Cette responsabilité passe par une information claire et accessible, permettant à chacun de modifier en connaissance de cause certains comportements inadéquats. Elle implique en outre certains choix de société favorisant notamment l'éducation pour la santé. Le médecin et l'infirmière doivent davantage parler aux malades, leur proposer des choix et leur expliquer en détails les différentes options possibles. Mais il s'agit également de parler aux bien portants, car comme le relève John Travis dans son livre *Wellness Workbook*: «Il ne suffit pas de ne pas être malade pour être en bonne santé.» Il propose à cet égard le schéma suivant:

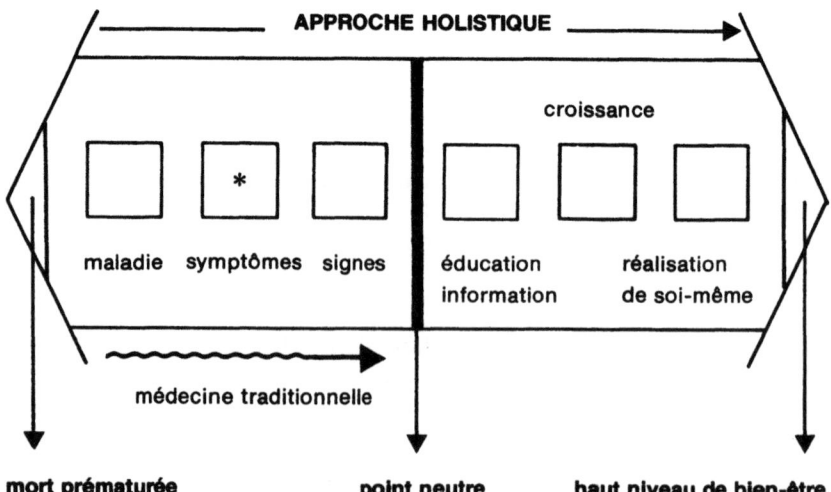

En supprimant les signes, symptômes et maladies, la médecine scientifique traditionnelle se contentait de ramener le patient au point neutre. Dans l'optique holistique, ce point ne constitue qu'une étape, car la personne reste très vulnérable : le véritable but à atteindre est un haut niveau de bien-être.

Pour Travis, les conditions de ce haut niveau de bien-être sont les suivantes :
- Connaître ses besoins réels et la façon de les satisfaire.
- Exprimer ses émotions pour pouvoir communiquer aux autres ce que l'on ressent.
- Avoir un comportement affirmé, ni passif, ni agressif.
- Se sentir bien dans son corps grâce à la patience de l'exercice, à une alimentation appropriée et à une prise de conscience de ses propres sensations.
- Etre engagé dans des projets importants pour soi-même et en accord avec ses propres valeurs.
- Savoir créer et cultiver des relations significatives avec son entourage.
- Considérer les défis de la vie comme autant d'occasions de développement personnel.
- Créer la vie que l'on veut vraiment au lieu de se contenter de subir ce qui arrive.
- Prendre soin de ses symptômes physiques de façon à les améliorer et aussi à apprendre les raisons de leur présence.
- Connaître ses propres rythmes physiques et émotionnels, en sachant reconnaître et comprendre les signaux envoyés par son corps.
- Faire confiance à ses propres ressources comme force principale de vie et de croissance.

Toutes ces modifications fondamentales, la nouvelle vision de la santé, le développement du rôle propre de l'infirmière, la nécessité de savoir toujours mieux informer le client et ses proches, le soutenir dans la période de crise que représente pour lui la maladie et ses conséquences, favoriser sa croissance et son épanouissement exigent des professionnels des soins infirmiers une compréhension toujours meilleure des lois qui régissent la communication humaine et le comportement humain en général.

L'analyse transactionnelle est un outil particulièrement utile aux soignants. L'ensemble des concepts qui forment cette approche psychologique peut faciliter grandement la compréhension de soi-même, les communications inter-personnelles, la vie d'équipe, et finalement la réalisation de soi-même dans la profession choisie.

Le livre de G. Nizard est un moyen de choix pour chaque infirmière de devenir plus efficace et plus heureuse dans sa profession.

Rosette A. POLETTI
Infirmière en soins généraux et en psychiatrie.
Docteur en Sciences de l'Education.
Présidente de la section francophone de
l'Association Suisse pour l'Analyse Transactionnelle.

Avant-propos

L'idée qui a guidé la rédaction de ce livre est celle-ci :

L'AT — analyse transactionnelle — système d'étude des comportements et des communications est d'un apport précieux pour le personnel soignant, particulièrement infirmier. L'activité soignante est dérivée et autonome. Elle est dérivée parce qu'elle découle elle-même d'une conception de l'homme dont dépend la définition de la santé et de la maladie. Elle est autonome parce que le soin infirmier — ou nursing — se constitue peu à peu comme un domaine propre.

L'AT rassemble un système cohérent d'analyse de la personnalité et propose des grilles de lecture du comportement. C'est donc un outil efficace pour le personnel soignant impliqué dans les communications avec l'ensemble du personnel de l'hôpital et ses clients — les malades.

L'utilisation de l'AT dans l'institution de soins, dans les groupes de travail et le développement de soi peut entraîner un triple changement :
- au niveau des valeurs reconnues, des normes de fonctionnement, des responsabilités de chacun ;
- au niveau de la compétence, de l'analyse des données, de l'affirmation des réalités ;
- au niveau du climat, de la chaleur des échanges, des capacités innovatrices des équipes.

Dans le domaine soignant, la communication est aussi instrument de guérison. L'AT confirme et précise cette assertion.

Cet ouvrage comprend 7 chapitres :
- Le premier est plus spécifiquement centré sur la situation de l'AT en soins infirmiers. Son objet est de situer les évolutions actuelles du domaine infirmier et les possibilités que l'AT peut offrir.
- Les chapitres 2 à 6 décrivent les grilles d'analyse du comportement issues des travaux d'Eric Berne et de son école.
- Le dernier chapitre propose — parmi de nombreuses autres — quelques applications de l'AT dans le domaine infirmier.

Compte tenu des dimensions de l'ouvrage, nous avons volontairement limité le taux de redondance entre les chapitres. Nous avons cependant voulu que par la variété des exemples et la complémentarité des approches, le lecteur perçoive la logique et la cohérence du propos sur l'AT et son utilisation précieuse en soins infirmiers.

1. Situation de l'AT en soins infirmiers

A. L'autonomie relative de l'activité nursing

Activité longtemps subordonnée, le soin infirmier tend à réduire l'emprise des pouvoirs de tutelle des médecins et aussi des spécialistes des Sciences Humaines : sociologues, psychologues ou théoriciens du comportement. Aujourd'hui le terme plus valorisant de démarche professionnelle rassemble les gestes et pratiques du personnel infirmier — compétent et réaliste — qui collecte des données, se fixe des objectifs, définit une intervention, planifie son action et évalue ses résultats. Un diagnostic infirmier est établi dans le meilleur des cas : cette situation est parfois plus sensible en psychiatrie. Ce diagnostic vient s'articuler et compléter précieusement le diagnostic médico-social, psychologique ou éducatif. Il s'en inspire dans le soin délégué et garde sa spécificité dans le soin autonome.

L'exercice du nursing a pour but ultime la santé en collaboration avec les pratiques de l'ensemble des Sciences Humaines qui contribuent aux préventions, aux soins et aux réadaptations. La qualité d'un soin dépend pour une part importante de l'étroite liaison entre disciplines voisines. Et le domaine infirmier se trouvera de plus en plus, par le fait des évolutions socioculturelles et techniques, en relations avec l'ensemble des sciences de l'homme et ceci pour le plus grand bien du client, évalué dans sa totalité. Le personnel infirmier fait à la fois usage de sa compétence technique et médicale, humaine et relationnelle.

Le client, et nous préférons ce terme à celui de malade ou de patient, relève aujourd'hui de disciplines variées et complémentaires : cela nécessite que la démarche nursing s'apparente à une méthode de résolution de problème dont les éléments sont :
- La collecte des données, exemple :
  - le client dans sa présentation, sa vision du problème, le rôle de sa famille, les solutions qu'il envisage ;
  - les données d'ordre médical ;
  - l'évaluation de son comportement et des aspects majeurs de son vécu quotidien.
- La liste exhaustive des problèmes tant sur le plan médical, social, affectif ou professionnel.
- Les objectifs du nursing et le plan de soin qui en découle.
- Les évaluations successives et régulations qui permettent d'ajuster en permanence l'action de soin entreprise.
- Enfin, un résumé pédagogique du cas qui servira au perfectionnement de l'équipe soignante.

Aussi face aux objectifs médicaux et sociaux, psychosociaux et éducationnels, le service infirmier définit sa propre démarche en appui et en séparation du discours et des pratiques économiques et médicales, administratives et sociales.

Tout au long de cette démarche, le personnel soignant investit de lui-même, communique, s'informe et soigne aussi par le verbe. La maîtrise des aspects relationnels est fondamentale dans son travail. Notre propos dans les pages suivantes est de rendre accessible au personnel soignant et plus spécifiquement infirmier, les grilles de lecture du comportement de l'AT. Grâce à celles-ci, le personnel soignant sera plus apte à se comprendre, à évaluer les comportements du client, à intervenir avec succès dans l'échange.

De plus, au moment où dans leurs études et leurs actions journalières les équipes soignantes se posent la triple question de l'identité, de la pratique, et du sens du travail, l'AT apporte des éléments de réponse en aidant à formuler ces trois interrogations majeures : Qui suis-je ? Quelle est mon action ? A qui sert mon travail ?

Se connaître, percevoir la logique de l'organisation de son temps, voir clair dans le plan d'existence qui guide en chacun de nous nos choix, telles sont les possibilités offertes par l'AT. Cet ensemble de connaissance sur soi et autrui, sur l'existence et la Santé s'accorde avec les plus importantes théories actuelles des soins. Notre propos n'est pas de les citer, d'autres ouvrages les ont bien décrites. Pour-

tant, il est utile de préciser ses références. La théorie de Martha Rogers, par exemple, se lit bien selon les perspectives de l'AT. Rappelons qu'elle propose dans *An Introduction to the Theorical Basis of Nursing*, 1970, une vision globale de l'homme dont les principaux postulats sont les suivants :
- Les êtres humains sont des systèmes ouverts en perpétuelle relation d'échange de matière et d'énergie avec leur environnement.
- Une personne est un centre unifié et exclusif dont les caractéristiques dépassent en importance la somme de leurs parties.
- Le processus de vie est unidirectionnel et irréversible dans l'espace et le temps.
- Les êtres humains se différencient par leurs organisations et leurs modes de fonctionnement. Ils manifestent par leurs actions leur totalité novatrice.

De là, en se fondant sur les données du passé et du présent, il est possible de prédire les événements et les comportements qui peuvent modifier la santé. Les soins infirmiers ont pour mission d'aider le client à réaliser son potentiel maximal de santé.

Les êtres humains ainsi que le processus de vie obéissent à 4 principes homéodynamiques :

La réciprocité

Le principe de réciprocité postule l'interdépendance de l'individu et de l'environnement et affirme que les changements dans le processus de vie sont ininterrompus. Les personnes, les lieux et les objets de l'entourage peuvent tous déterminer le changement. L'infirmière, en respect avec ce principe, recueille les données qui explicitent comment les interactions de son client se répercutent sur sa santé.

La synchronicité

Le principe de synchronicité est déterminé par l'interaction simultanée de l'état présent du champ humain et de l'état présent du champ environnemental à tout instant donné de l'espace-temps. L'application de ce principe fait ressortir la nécessité de mettre au point des plans de soins qui correspondent exactement à l'instant présent et de les réviser constamment puisque la réalité n'est jamais tout à fait la même d'un instant à l'autre. L'infirmière accepte le client sans le juger, à son niveau actuel de fonctionnement, afin de favoriser son progrès vers un niveau optimal de santé.

La spiralité

Ce principe englobe les notions de rythme, d'évolution et de profonde unité de la relation individu-environnement. L'intervention infirmière a en fonction de ce principe pour but de modifier des comportements non adaptés par la recherche de nouvelles solutions au rythme du client, et non au sien propre.

La résonance

Ce principe envisage le processus de vie comme un flux ininterrompu d'ondes. La maladie est due aussi bien à un dérèglement des patterns physiologiques de l'organisme qu'à une perturbation du fonctionnement psychologique et social qui modifie les habitudes de vie et les émotions. La santé est un concept relationnel qui prend tout son éclairage lorsque l'on comprend sa liaison avec les données économiques, sociales, familiales, professionnelles et biophysiologiques. Une tension continue entre l'organisme et le milieu est à l'origine de perturbations et de maladies. Les idées de base de cette théorie s'accordent en profondeur avec la conception de l'homme et de la santé de Berne. L'homme est perçu dans sa totalité, système en relation avec l'environnement. La santé résulte des interactions compatibles, dynamiques et harmonieuses avec les autres et avec toutes les données du milieu. Toute maladie est maladie de la totalité. La segmentation sur un organe électif est une vue partielle et fictive.

Ce propos est actuel pour l'ensemble des psychologies humanistes. Le fondateur de la « gestalttherapie » — titre de l'ouvrage 1976 — Perls écrit: « il se pourrait qu'une névrose soit considérée à tort comme un problème médical, au lieu de voir qu'une maladie est souvent une névrose ».

B. Les communications en soins infirmiers

Toutes les activités humaines exigent des communications. Le personnel soignant passe une part essentielle de son temps en relations. Communiquer, c'est à la fois transmettre des idées et des sentiments, des informations et des affects. Au sens large, le but de la communication pour son émetteur est d'influencer le comportement de son interlocuteur. Mais ceci sera d'autant plus aisé que l'émetteur sera admis en tant que personne. Un schéma classique de la communication est celui-ci:

Qui	— dit quoi —	à qui —	par quel moyen	— et avec quel effet ?
Emetteur	— Message	Récepteur —	Canal oral, écrit, audio-visuel	— Influence

La communication fait intervenir de multiples variables (cf. article G. Nizard) liées aux capacités et attitudes de chacun. Nous les résumons dans le tableau suivant :

	Emetteur	*Récepteur*
ATTITUDES Savoir être	Authenticité Congruence	Empathie
TECHNIQUES Savoir faire	Capacité d'expression Structuration du discours Redondance adaptée	Ecoute Reformulation

La congruence de l'émetteur se ressent par le triple accord entre soi, autrui et sa tâche, elle favorise la bienveillance du récepteur, son empathie, ou capacité à comprendre l'autre tel qu'il s'exprime. Lorsque à ces deux attitudes de base, les techniques viennent s'ajouter : capacité d'expression et de reformulation, la communication rassemble les conditions nécessaires et suffisantes de sa réussite. Mais les choses ne vont pas toujours de soi, de nombreux blocages perturbent la communication. Citons :

- Les blocages d'ordre individuel

Les personnalités perturbées, les écrans émotionnels, les cadres de références rigides, l'absence d'écoute, les exclusions a priori d'autrui sont les cas qui défavorisent la positivité des échanges. Les personnes portent en elles les causes des difficultés des communications.

- Les blocages d'ordre sémantique

Les mots n'ont pas le même sens pour tous. Derrière les mêmes termes, chacun ne met pas les mêmes réalités. Les incompréhensions dues au langage sont quotidiennes. Or, cette absence du partage du sens risque d'occasionner des erreurs, des performances insuffisantes, voire une réduction de la qualité des soins.

---

* *Les dimensions psychosociales des relations humaines*, Entreprise et humanisme, 1980.

- Les blocages d'ordre organisationnel

Le déficit de l'information, le blocage dans la transmission des directives, l'absence de remontées des données, les relations hiérarchiques trop marquées, la séparation entre services, la méconnaissance du travail en groupe sont des exemples de perturbations des communications.

A chaque niveau, le médecin, la surveillante, l'infirmière, l'économe ou le client ressentent les effets négatifs de ces blocages.

L'AT est d'une aide précieuse pour la compréhension des barrières d'ordre personnel. Elle aide le personnel soignant à découvrir les comportements-problèmes, les transactions croisées source de malentendus, les relations biaisées.

Nous devons à Wartzlawick et al. — dans *Une Logique de la Communication,* 1972 — une série de propositions sur la communication qui s'accordent avec notre propos et que les praticiens de l'AT reconnaissent comme exacts. Pour ces auteurs, cinq axiomes fondamentaux sous-tendent la communication :

- Une personne ne peut pas ne pas communiquer. Le terme comportement n'a pas de contraire. Etre présent c'est signifier. Le malade, l'infirmière ou n'importe quel être vivant exprime par la communication verbale ou gestuelle ce qu'il éprouve ou pense et cela volontairement ou inconsciemment.

- Un message comporte deux aspects : le contenu et la relation. Le contenu est porteur de l'information véhiculée, la relation indique ce que chacun ressent dans l'interaction. La relation peut confirmer autrui, le rejeter ou pire nier par le déni son existence. Berne parlera dans ce cas de méconnaissance d'autrui, de dévalorisation. Il peut y avoir redondance ou opposition entre le contenu du message et la relation perçue. Exemple : l'infirmière peut exprimer un message qu'elle contredit par son attitude non verbale : « Bien sûr que ce nouveau traitement va améliorer votre état ».

- Une communication particulière s'inscrit dans l'ensemble des relations. Pourtant chacun ponctue la relation selon son point de vue. Il pense réagir à l'attitude de l'autre qu'il considère comme déterminant la sienne. Les difficultés surgissent lorsque la ponctuation est différente. Par exemple, le malade dira qu'il critique et râle parce que les infirmières le fuient et celles-ci affirment qu'elles l'évitent pour son mauvais caractère.

- Il existe deux sortes de communication : analogique et digitale. La première comprend les attitudes, gestes, mimiques, intonations, la seconde exprime le thème de l'échange, elle est verbale, logique, abstraite. Or, dans sa situation, le malade devient très sensible à la première communication, il se révèle doué d'un sixième sens pour capter les messages analogiques, décoder les inflexions de voix, interpréter les regards ou percevoir les nuances posturales. Le malade découvre cette évidence : la communication analogique dit la vérité de la relation, elle échappe pour l'essentiel à l'intentionnalité de son émetteur. « Un cinquième peut-être de toute communication humaine sert à l'échange de l'information, tandis que le reste est dévolu à l'interminable processus de définition, confirmation, rejet et redéfinition de la nature de nos relations avec les autres » écrivent Bateson et al. dans la *Nouvelle Communication*, 1981.

- Dans la communication, l'échange est soit symétrique, égalitaire soit complémentaire avec des tensions de domination-soumission.

Le personnel soignant engagé dans des processus de communication échange à la fois des informations et une relation.

Pour illustrer le propos analysons la communication non verbale, à travers deux transactions particulières parmi d'autres : le silence et le signe de tête.

- Le silence est une forme de communication dont la valeur n'est pas toujours évidente. Nous pouvons cependant reconnaître quelques significations usuelles de silence :

1. Préparation d'une communication verbale, moment de mobilisation de ses pensées.
2. Méditation et réflexion personnelle. Silence plus appuyé que le précédent. Recueillement.
3. Ecoute, position d'observation, distanciation, attente, appel de l'autre.
4. Etat émotionnel mal dominé. Après un choc, le silence est un temps pour se remettre.
5. Expression d'un sentiment de peur, d'anxiété, de tension.
6. Marque d'un étonnement, d'une interrogation ou d'un désaccord, voire d'une désapprobation et d'un refus. Exprime un éloignement dans la relation.
7. Indifférence ou ennui.
8. Accord muet, complicité. Empathie, intimité. Le silence qui suit la chute d'un poème ou la fin de l'audition d'un concert.
9. Aveu, appellation du propos « qui ne dit mot consent ».

10. Incompréhension du sens.
11. Bruit personnel, distraction.
12. Conclusion, abandon ou fin de l'échange.

Le silence prend des significations différentes selon la personnalité de chacun ou les situations vécues. Ainsi le silence peut être isolement, refus de contact, inhibition ou encore protection de soi — sans agressivité ou avec provocation. Le silence est déficit du contact ou recueillement, défi ou empathie, incompréhension ou limite de l'autre. Il marque un accord ou un désaccord avec la personne ou la tâche.

- Un signe de tête peut également avoir des significations qui diffèrent selon les cultures, les individus et les moments. Le message exprimé dépend de celui qui est à l'origine — émetteur ou récepteur — de son statut, du lieu et du type de relation — amicale ou professionnelle — de la manière — rapide ou lente, prolongée ou brève. Le hochement de tête a des significations contradictoires. Il peut vouloir dire: protection ou compétition, permission ou évitement. Classons quelques signes fréquents en les rapprochant des positions de vie, analysées au chapitre 5.

Signification du signe de tête	Message	Etat du Moi émetteur	Position de vie
Permission	Tu peux continuer	PN +	+ +
Protection	Vas-y sans crainte	PC +	+ +
Approbation	Je te suis dans cette voie	PC +	+ +
Gravité	Je vois l'importance du problème	A	+ +
Exagération	C'est vrai, ah! formidable	ES +	+ +
Sauveur	Tu as besoin de moi, c'est évident	PN −	+ −
Contrôle	Bon, je vois, c'est tout ?	PC −	+ −
Compétition	C'est évident, je le savais	EA −	+ −
Evitement	Je cache ma honte, ma culpabilité, ma gêne	EA −	− +
Lassitude	Je me moque de tout	EA −	− −

En pratique, c'est le contexte général de la situation qui donne la compréhension du signe de tête.

Ces deux exemples montrent que la communication non verbale

est autant source d'information sur les personnes que les mots prononcés. Parfois, cette communication est plus significative car elle échappe partiellement à l'intention de son émetteur.

C. Les modalités d'intervention thérapeutiques

Plusieurs possibilités de classement des interventions thérapeutiques existent. Nous nous inspirerons de celles de Paul Bindrim qui distingue :

● *Les techniques rationnelles,* ce sont celles qui situent le facteur thérapeutique principalement dans le travail accompli au niveau de l'analyse des événements psychiques tels qu'en rend compte le langage. Parmi ces techniques, principalement : la psychanalyse — freudienne ou toutes celles qui en sont issues (individuelles ou groupales) — les techniques comportementales et le mouvement du Potentiel Humain — par exemple l'AT et la Gestalt Thérapie.

● *Les techniques neuro-musculaires,* ce sont celles qui situent le facteur thérapeutique principalement dans le travail accompli au niveau corporel-émotionnel telles que l'Analyse Bio-énergétique, le Cri Primal ou la Végétothérapie.

● *Les techniques oniriques,* ce sont celles qui situent le facteur thérapeutique principalement dans le travail accompli au niveau des images mentales, citons : le Rêve Eveillé Dirigé, la Gestalt Thérapie (déjà citée), la Psycho-Synthèse.

● *Les techniques bio-chimiques,* ce sont celles qui situent le facteur thérapeutique principalement dans le travail accompli par le moyen d'absorption de médicaments telles que les traitements utilisés en neuro-psychiatrie et le travail à partir des substances psychédéliques, mescaline... On peut rattacher à ces techniques celles qui tentent à modifier le métabolisme à travers des exercices respiratoires.

● *Les techniques inter-personnelles,* ce sont celles qui situent le facteur thérapeutique principalement dans l'interaction des personnes telles que les groupes de Rencontre, de Confrontation, la Dynamique de Groupe, la Rencontre Synanon ou Rogerienne, l'AT s'y rattache également.

● *Les techniques transpersonnelles* situent le facteur thérapeutique principalement dans la mise en œuvre de niveaux de conscience qui débordent le cadre de la psychologie traditionnelle. Citons les méditations, l'Enlightenment, la Psychosynthèse (déjà citée), les différents domaines de la Para-Psychologie, le travail sur les Auras, et sur le Totem.

En pratique, les techniques chevauchent les classifications; chacune part d'un point fondamental et le développe. Mais si elles sont vécues suffisamment en profondeur elles croisent et rencontrent le domaine privilégié des techniques voisines.

Ce tableau montre donc que l'AT est à la fois une technique rationnelle — par ses analyses des comportements verbaux — et une technique interpersonnelle — par l'importance qu'elle accorde aux relations humaines. Le personnel soignant est investi dans l'action thérapeutique, il sait d'expérience que le premier médicament, c'est soi.

D. Positions de l'AT* et historique

La psychanalyse a été précieuse pour la compréhension de l'homme dans ses relations avec son milieu ambiant. Elle a également tenu compte des racines biologiques de l'individu. Elle a été enrichie par les perspectives sociales des continuateurs de Freud tel Sullivan, E. Fromm, K. Horney. Trois aspects sont spécifiques à la psychanalyse: la mise à jour des phénomènes inconscients, l'importance du transfert et du rôle de l'analyse — malgré son relatif évitement du contact — la longueur et le coût du traitement psychanalytique lui-même.

Ces trois caractéristiques ne sont pas considérées comme essentielles par Berne. La psychanalyse réfléchit sur ce que la personne est, alors que selon Berne, et en cela il se rapproche des pratiques comportementalistes, il s'agit de faire progresser la personne dans ce qu'elle fait.

Il appartenait à Berne entre 1956 et 1970 d'expliciter le travail de l'individu sur lui-même, d'évaluer la personnalité à partir de l'analyse de son vécu quotidien. Si les maîtres mots de Freud sont activité de l'inconscient, mécanismes de défense, transfert, ceux de Berne sont développement du Moi, analyse des transactions, études des scéna-

---

* L'AT est une école d'analyse du comportement humain qui a une identité reconnue dans les Sciences de l'Homme. Ses praticiens enthousiastes ont en deux décennies, par une réflexion continue sur leurs pratiques, obtenu un affinement des concepts et une extension des champs d'application.

rios de vie. Ces différences de perspectives situent la complémentarité des approches :

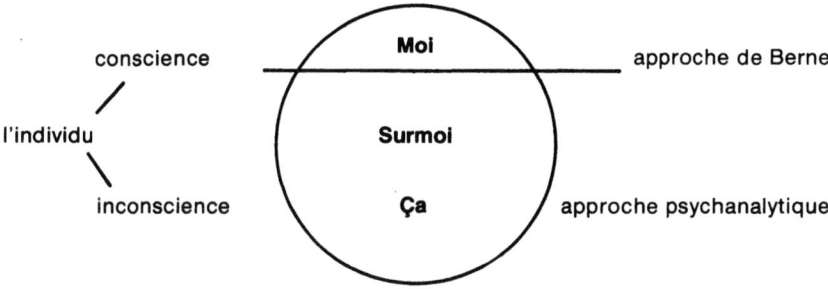

Berne, médecin des pauvres, a voulu aller vite dans ses traitements. Il savait d'expérience que ses malades n'avaient ni temps ni revenus pour entreprendre une thérapie longue. Il a privilégié la réduction des tensions et le changement dans les comportements à l'analyse des causes profondes des perturbations. Il a également voulu, s'adressant à un public moins intellectuel, que celui-ci comprenne simplement le langage de la psychologie. Mais la simplicité du vocabulaire ne doit pas masquer la complexité des analyses ni la richesse de la théorie. « Berne a légué à l'AT — écrit R. Hostie dans sa préface du livre de la Cegos, D. Chalvin et al. — *AT et relations de travail*, 1980 — limpidité, efficacité, systématisation et créativité. En dosant judicieusement ses talents personnels, il a réalisé une gageure : sa limpidité n'est pas simplisme, son efficacité n'est pas manipulation, sa systématisation n'est pas rigidité, sa créativité n'est pas désordre ». Berne s'est beaucoup attaché à décrire la relation humaine médiatisée par la communication verbale et non verbale. Il a analysé le comportement dans l'ici et le maintenant, et cet accent sur un modèle synchronique n'interdit pas la recherche du pourquoi, le recours aux explications historiques. Mais guérir autant que comprendre, supprimer le symptôme au lieu de retrouver l'origine, telle est la démarche de Berne centrée plus sur la modification apaisante du comportement perturbé que sur l'analyse subtile des antécédents pathogènes. L'AT ne refuse pas de comprendre — et les analyses des scénarios de vie en témoignent — mais l'atténuation voire la suppression des symptômes quotidiens est sa démarche première.

Mais outre le courant Freudien, nous trouvons en amont de la pensée de Berne :

- l'inspiration behavioriste de Pavlov qui met l'accent sur l'analyse des comportements et les techniques de déconditionnement;
- l'inspiration psychodramatique de Moreno qui met en scène l'individu, afin de révéler les rôles et les attitudes figées;
- l'inspiration psychodynamique de Lewin et son sens de l'immédiat et de l'évolution personnelle. Changer dans une situation particulière, c'est évaluer un autre comportement et de là, pouvoir le réexprimer par la suite.

Ces rappels montrent à l'évidence que Berne n'est pas un auteur isolé. Il est un praticien qui accepte et approfondit les concepts essentiels des sciences de l'homme.

L'AT se caractérise par sa grande cohérence théorique, son utilisation pratique et sa compatibilité avec d'autres théories et thérapies de la personnalité. Le personnel soignant dispose là d'un ensemble de grilles de lecture de son propre comportement et de celui d'autrui, qui nécessite des connaissances approfondies en science de l'humain. Dans ce domaine, l'utilisation quotidienne perfectionne. Cette simplicité n'est pas simplification, cette attitude pragmatique s'accommode au mieux des recherches, des approfondissements et des progrès continus dans la compréhension de l'homme, la prévention de ses échecs et de ses maladies, le soin de ses déficiences.

Il n'est pas de thérapie qui ne soit sous-tendue par une conception de l'homme et par là de la santé et de la maladie. Pour Berne, une personne en bonne santé est autonome, socialement adapté dans un équilibre instable fuyant les extrêmes: ni hérisson, ni paillasson, ni agressive, ni excessivement soumise. Une personne normative, aidante, compétente, gaie et respectueuse des autres. L'énergie circule librement.

Et une pratique de soins est dépendante d'une relation avec soi, le groupe, voire l'hôpital où l'on travaille. Un soin particulier exprime à la fois la personnalité de celui qui le donne — ses valeurs, sa formation et ses motivations, — les normes et les techniques de son groupe d'appartenance, les rapports institués avec les autres professions — médecins, administratifs, services d'assistance — et enfin les conceptions de la maladie et de la santé dominantes de son temps.

E. Les grilles de lecture du comportement d'après l'AT

Le comportement d'une personne peut être étudié et décrit de différentes manières. Un psychanalyste, un sociologue ou un psychologue comportementaliste partant d'un même fait observable n'en donnent pas la même signification et ne l'interprèteront pas en usant des mêmes concepts. Berne, et ceux de son école, comme tous les praticiens importants, ont proposé un ensemble harmonieux de grilles de lecture du comportement. Nous en décrirons 6.

1. Le système du moi et les relations à soi (chapitre 2 du présent ouvrage). Une personne est vue au premier degré d'analyse comme un être de devoir, de savoir et de motivation. Chacun peut alternativement percevoir le monde de trois manières : apprise, produite et sentie.

2. Les relations à autrui perçues à travers leurs transactions — ou unités de rapport social. Les personnes en constante interaction — groupe de travail, membre d'une famille — ont des échanges multiples repérables et codifiables (chapitre 3).

3. Les signes de reconnaissance — gestes, sourires, phrases ou coups de pied — que chacun adresse à autrui dans la communication. Ces «strokes» sont équivalents à des caresses psychologiques, positives ou négatives que les personnes échangent pour rompre leur solitude, se faire plaisir ou ... se faire du mal (chapitre 3).

4. L'organisation du temps avec autrui. Nous avons 6 façons de structurer le temps. Chacune apporte des gratifications différenciées. La relation la moins valorisante dans l'échange est le retrait, la plus stimulante émotionnellement est l'intimité. Ces interactions se conforment et se répètent selon des schémas précis souvent à l'insu du sujet, ils structurent le temps (chapitre 4).

5. Le scénario de base de chacun — ou plan inconscient d'existence — précise les positions dominantes dans les relations avec autrui — ou positions de vie. Les modes de satisfaction que s'autorise un individu, les transactions qu'il préfère et la manière qu'il a d'exprimer ses émotions et ses pensées sont en corrélation étroite avec sa vision d'existence. Notre besoin de signes de reconnaissance nous amène à utiliser un mécanisme répétitif de recherche de satisfaction bien connu de chacun. C'est le mini-scénario où souvent le bénéfice n'est pas celui attendu (chapitre 5).

6. **Les communications biaisées.** Les relations humaines connaissent une pluralité de formes inachevées se traduisant toutes par l'expression d'une émotion, d'un sentiment, ou d'une réaction négative. Il s'agit des émotions mal vécues et retardées, des manipulations affectives de soi, des jeux psychologiques où une séquence de comportement se termine par un échec (chapitre 6).

F. Utilisation de l'AT en soins infirmiers

L'AT comprend des grilles de lecture du comportement utilisable dans l'ensemble des domaines relationnels.

Le médecin, le Directeur des Services Hospitaliers, les Administratifs, la Surveillante ou l'Infirmière, la Monitrice ou l'Aide-soignante, chacun peut dans son champ de compétence et d'expérience mieux se connaître et de là gérer avec efficacité ses relations interpersonnelles.

En ce qui concerne le milieu soignant, les utilisations de l'AT sont appréciables dans :
- les relations d'autorité,
- les échanges entre collègues,
- les communications avec le malade,
- la situation pédagogique,
- le travail en groupe,

et plus généralement lors des situations interactives qui sont celles des communications.

Chacun peut à partir du cadre conceptuel de l'AT :
- améliorer sa compréhension de lui-même et de ses attitudes et peut-être souhaiter progresser dans son développement personnel;
- perfectionner la pratique de ses relations interpersonnelles avec autrui : le malade ou le médecin, les figures d'autorité ou les subordonnés...;
- percevoir en profondeur la logique des actions humaines, acquérir une plus grande maîtrise dans l'anamnèse, à partir de l'analyse profonde du cas du malade.

La pratique soignante se transforme profondément. Le personnel infirmier tire de ses expériences actuelles, une réflexion qui aboutit à un triple projet :
- transformer l'établissement hospitalier, lieu de diagnostic et de

traitement en un lieu d'assistance et d'écoute des malades où ceux-ci retrouvent leur santé totale;
- accroître les capacités d'enseignement aux malades qui recevront plus une éducation sanitaire que des conseils. Ce qui amène à élargir l'acte de soin qui, plus qu'une suppléance aux incapacités momentanées, devient un processus formatif et d'accompagnement;
- passer d'une action ponctuelle — conduite vers une guérison — à la préparation d'une vie plus adaptative qui tienne compte pour le malade de ses ressources et de son environnement.

Pour cela, le personnel soignant a besoin d'outils de communication, s'il conçoit son aide thérapeutique selon cette vision holistique, s'il adhère à la pensée de Balint sur l'importance de l'investissement personnel dans l'activité de soins, il peut trouver dans l'AT des grilles de lecture du comportement et une démarche claire. Celle-ci s'appuie sur deux idées essentielles en AT le contrat et les procédures d'intervention: Protection — Permission — Puissance.

L'AT se définit comme une méthode contractuelle de thérapie. Cette assertion de base doit en permanence inspirer le personnel soignant. Dans sa visée éducative, l'infirmière peut proposer à un malade d'énoncer une intention, de prendre en charge et de résoudre une de ses difficultés. Son rôle dans cette relation est déterminant. Elle est à la fois témoin de l'engagement, activation du niveau d'aspiration du client, source de gratification pour ses succès et accompagnatrice du changement. Le contrat n'entraîne pas réussite par ses seules affirmations. Mais en sollicitant la conscience et la responsabilité du client, il offre à celui-ci des possibilités d'évolution. Il constitue pour l'infirmière une forme élevée de son activité éducatrice. Un contrat n'a de chance d'être mené à terme que si le malade ressent chez l'infirmière une triple compétence, — intellectuelle et affective — qui est:

- La protection: il faut entendre par là, la capacité de l'infirmière à remplacer les figures d'autorité — surtout familiales — auxquelles se soumet la personne pour continuer, à se faire du mal, éviter de se bien soigner ou de se prendre réellement en charge. Pat Crossman — dans *Selected articles of the TAB,* 1967 — a montré l'importance pour le client de sentir que le thérapeute ou le soignant peut et sait le protéger contre des décisions effrayantes du passé.

- La permission: c'est une intervention capitale. Le malade a besoin de sentir l'engagement du soignant, sa congruence. Le malade est invité à expérimenter de nouvelles solutions, à changer, à éprouver d'autres sentiments, à s'estimer et à se bien considérer. Les permissions portent selon les cas sur les connaissances, le savoir-faire et le savoir-être du malade. L'infirmière engage le malade dans des voies inhabituelles, différentes, à terme plus valorisantes.

- La puissance: l'infirmière doit apparaître au moins aussi forte, aussi solide, aussi affirmée que ne le fut antérieurement les personnes et les expériences qui ont négativement poussé le malade dans ses comportements actuels. La puissance, ou pouvoir thérapeutique combine la responsabilité et le soutien, la compétence et l'enthousiasme.

2. Les états de personnalité

A. Les trois états de base et leur développement

Devant chaque situation faisant problème, une personne se pose 3 questions clairement ou implicitement:
- Je dois le faire? Est-ce ma responsabilité ou mon devoir?
- Je sais le faire? Mes capacités sont-elles suffisantes?
- J'ai envie de le faire? Suis-je motivée?

Ces trois questions correspondent à trois visions différentes de la situation. Berne les a identifiées comme trois aspects fondamentaux de la personne. Il les a nommées: l'Etat du Moi Parent, l'Etat du Moi Adulte, l'Etat du Moi Enfant.

Deux conventions d'écriture sont proposées: les états du Moi par différence avec des personnes réelles ou des âges chronologiques s'écrivent avec une majuscule: Parent, Adulte, Enfant. Ils sont toujours représentés par le schéma des 3 cercles superposés. Ceci n'implique aucun ordre hiérarchique:

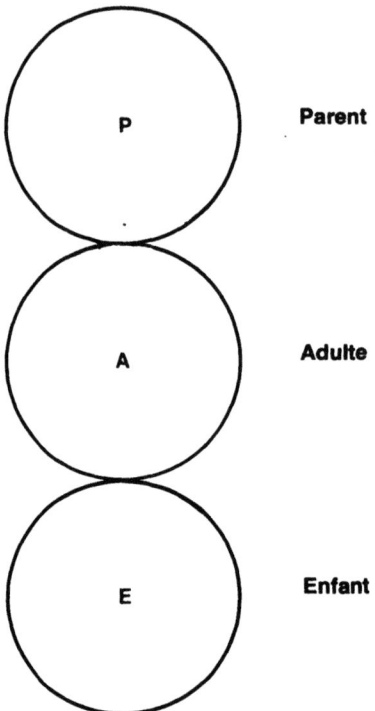

Un état de moi est un ensemble cohérent d'attitudes et de comportements. Chacun d'eux correspond à une étape différente du développement de l'individu. L'Enfant apparaît en premier puis l'Adulte et enfin le Parent.

L'Enfant est en nous émotion et sentiment, envie et désir, intuition et séduction, obéissance et révolte. Il est relié aux premières sensations et aux premières adaptations, celles qui viennent de l'intérieur et qui sont apparues dès notre naissance. C'est l'Enfant qui dit : j'ai faim, chic, j'ai une idée géniale, enfin puisqu'il faut le faire...

Le Parent est en nous responsabilité et devoir, règles et valeurs affirmées, aide et protection d'autrui. Il est intériorisation des normes et des principes familiaux et sociaux. Il dit : il faut, tu dois, c'est un principe, je vais t'apprendre, c'est très bien.

L'Adulte est en nous analyse des données; la part rationnelle, exempte de préjugés et de sentiments, qui observe, évalue, calcule et décide. Il est centré sur la réalité qu'il traite en faisant appel à son expérience et sa compétence. Il dit: je pense, cela s'étudie, combien, je vois ce que vous voulez dire.

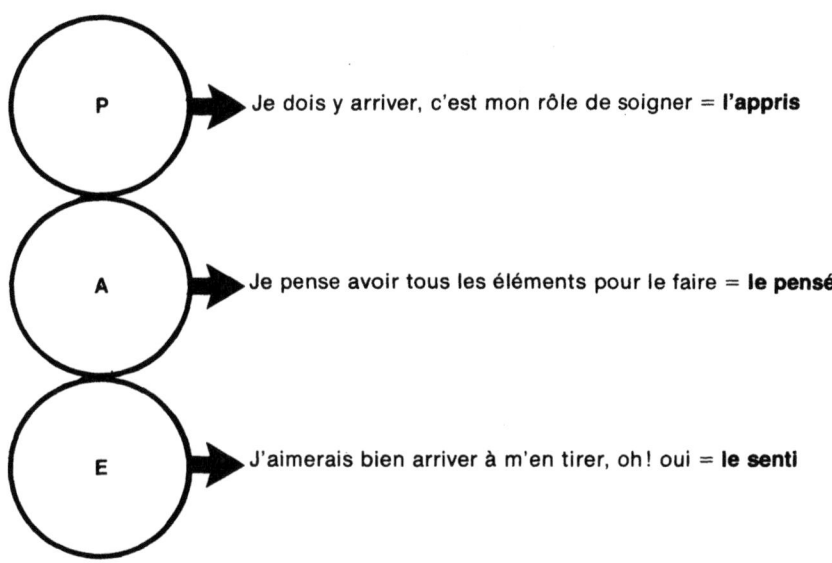

Cette différenciation du moi en 3 instances est une analyse du premier ordre. L'Enfant, premier état apparu, va précocement se subdiviser en 3 sous-ensembles:
- L'Enfant Spontané: l'aspect libre de notre vie affective: joie et peine, colère et peur;
- Le Petit Professeur: l'intuition, la création, la perspicacité, la séduction;
- L'Enfant Adapté (soumis et rebelle): l'obéissance et la crainte, la révolte et le contre, la flexibilité et les conditionnels sociaux.

Cette subdivision s'appelle l'analyse structurale de second ordre. Elle est plus fine et correspond à l'observation du comportement des enfants et des adultes. Exemples:

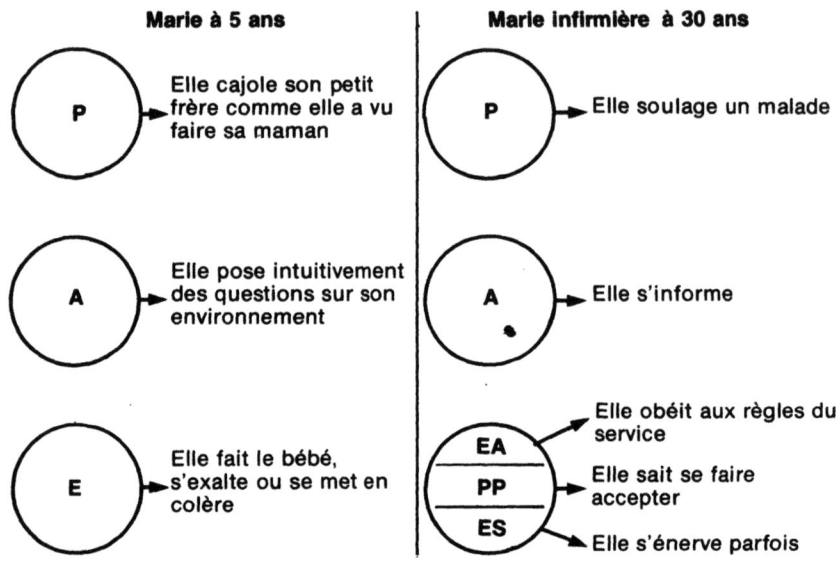

L'analyse fonctionnelle complémentaire de celle-ci pose la question à quoi sert chaque état du Moi ? Cette analyse amène à distinguer 2 Parents : Contrôlant et Nourricier, en plus des états déjà cités : Adulte, Enfant Spontané, Petit Professeur et Enfant Adapté. Chaque état du Moi — à part l'Adulte et le Petit Professeur — peut être positif dans son fonctionnement ou négatif par ses excès. Un état du Moi se reconnaît par les modes d'expression complémentaires :
- l'attitude corporelle et le geste,
- la voix avec ses intonations et ses fluctuations,
- le vocabulaire.

Chaque état du Moi a son style, ses caractéristiques, ses expressions comportementales, ses modes de reconnaissance.

L'Enfant Spontané

Force d'expression, liberté dans l'attitude et du mouvement, plaisir à être, sensation d'euphorie physique à travers le fonctionnement des organes des sens, c'est tout cela l'Enfant Spontané. Il dit « je veux », exprime directement ses émotions et ses sentiments, vit dans l'instant, ignore l'attente, se livre sans détours, réagit affectivement aux situations. L'Enfant Spontané, appelé parfois Enfant Libre ou Enfant Naturel bondit de joie, fait n'importe quoi pour dire et vivre la vérité de ses impressions. Il sait s'amuser et demander ce dont il a besoin. Il passe sans transition de la colère devant l'obstacle à la béatitude qui suit la satisfaction, il est fluidité et rythme. Il utilise les mots courts : chic, zut, ouais et les onomatopées. Il se trémousse, bat des mains ou se balance. Il est imprévisible dans ses réactions et ses comportements. Il a tendance à prendre des décisions simples et extrêmes.

L'Enfant est le lieu de l'illusion dont les trois plus fortes, nous rappelle Freud, consistent à dire «je suis immortel, tout-puissant et irrésistible». L'Adulte par son analyse de la réalité n'aura pas grand peine à montrer les limites de ces songes. L'Enfant Spontané traduit sans hésitation ce qu'il éprouve. Comme ce petit bébé, entièrement présent dans son plaisir ou sa colère, il ne filtre pas ses sensations.

L'Enfant Spontané est l'émotion non entravée vécue dans son unité du moment. Il puise dans son fond primaire l'énergie, que les différentes écoles ont appelé élan vital, orgone, prana ou Ki. La personne a plus de chance d'être en bonne santé si cette énergie a la possibilité de s'exprimer librement. Si elle refoule ses sentiments, le coût énergétique de cette tension sera doublement négatif. D'une part, l'énergie disponible pour s'accomplir et relever des défis élevés sera réduite, d'autre part, cette surcharge constituera une fixité, une sclérose, et l'aspect le plus apparent sera celui de la cuirasse musculaire décrit par Reich. L'Enfant Spontané est la circulation libre de l'énergie, la mobilité protoplasmatique, alors que sa constriction s'appelle : pesanteur des désirs vitaux sans réponse, cuirasse caractérielle, personnalité segmentée, blocages émotionnels et maladies.

L'Enfant Spontané peut également par ses excès et ses outrances gêner autrui et soi-même. Lorsque la spontanéité se fait envahissante, l'expression de soi enfle, la liberté empiètement sur autrui, l'Enfant Spontané perd ses qualités de chaleur par ses exagérations. Cependant l'analyse des caractères montre que l'Enfant Spontané tend à moins s'exprimer au fil des années. Il n'est pas toujours entouré de la permission d'être, de la protection pour exister. Il est par ailleurs la victime première des difficultés de la personne avec elle-même. La personnalité en se développant, va réduire son territoire au profit des autres états du moi.

L'Enfant Spontané est la partie qui expérimente les 4 sortes d'explosion essentielles : la joie, la colère, le chagrin et l'orgasme et qui est capable d'une mobilisation paroxystique des couches profondes de la personnalité. Il est comme la sensation du Satori complètement et librement au monde. Il s'affirme dans un présent, perpétuellement nouveau. Lorsqu'il cesse de jouer, le vieillissement commence; « l'absence de maladies psychonévrotiques est peut-être la santé, mais ce n'est pas la vie » écrit excellemment Winnicott dans *Jeu et Réalité*. Structure préverbale, l'Enfant Spontané se réalise bien dans le mime, la danse et le chant. Pour un ethnologue, il est plus activé dans les cultures non occidentales, qui favorisent les contacts et les sentiments ego-syntoniques.

Chaque culture a prévu des occasions codifiées d'expression de l'Enfant Spontané. Les fêtes et carnavals, les manifestations sportives et les soirées amicales, aujourd'hui les congés et les vacances sont des moments de détente, de libération de l'énergie de l'Enfant Spontané.

Lorsqu'il a grandi en étant gratifié, l'Enfant Spontané conserve des ressources et une énergie disponible que l'on perçoit chez certains à travers leur vitalité, leur dynamisme et leur bonne santé. L'Enfant Spontané est élan et allégresse. Il n'y a pas d'âge. Avoir du contentement, être exubérant, jouer avec soi et autrui, exprimer avec surprise les plus belles possibilités de soi, c'est laisser à l'Enfant Spontané libre court.

Le Petit Professeur

Vers l'âge de 7 mois apparaît le Petit Professeur comme état du Moi susceptible d'investissement énergétique. Il signifie cette capacité nouvelle d'entamer des échanges autrement que par des pleurs.

Le Petit Professeur est la partie intuitive et créative de l'Enfant. Apparu avant le langage, cette zone précoce d'observation s'appuie sur des perceptions imprécises et globalisantes, fantastiques et magiques. Avec des capacités opératoires réduites, le Petit Professeur devine avec sagacité, ressent avec habileté.

Manipulateur et imaginatif, le Petit Professeur saisit rapidement les situations. Il fait preuve de perspicacité. Il sait trouver le geste qui détend, le sourire qui séduit et le mot qui convainc. C'est avant l'analyse des données par l'Adulte, la partie de nous-même qui solutionne comme avec sortilèges les problèmes, qui trouve la bonne ficelle à tirer pour atteindre le but convoité. L'imagination créatrice, cette activité si spécifiquement humaine est liée aux fonctionnements du Petit Professeur. C'est une pensée souple, fluide qui pose les grandes questions et ne craint point les rapprochements inattendus.

Le Petit Professeur est séducteur, il sait faire la réponse surprenante qui enlève la décision, dire la phrase qui fait sourire. Il sent l'inhabituel avant qu'il ne se produise. La fonction première du Petit Professeur est de savoir quoi faire pour obtenir l'attention et l'affection de ses parents. Il se branche très tôt sur les vœux et les exigences de l'entourage pour trouver et inventer le comportement réciproque attendu. Il est capable d'activer un mécanisme interne pour avoir ses parents avec lui tout le temps. Dans cette fonction primordiale, le Petit Professeur est à même de percevoir les intentions d'autrui à travers son comportement verbal et sa gestuelle. Et souvent dans la situation régressive qui est la sienne, le malade hospitalisé agit avec cette perspicacité pour ressentir la bienveillance ou la distance du personnel soignant. Il capte la signification réelle de la transaction.

Le Petit Professeur présente une forte analogie avec le fonctionnement du cerveau droit, celui du rêve et de l'improvisation originale. Il est la démesure qui inspire souvent les fortes réussites.

Grâce à l'activation de son Petit Professeur, le personnel soignant est capable de sourire chaleureusement à un malade, de créer une détente dans un moment de tension, de faire admettre un traitement difficile à un malade compliqué. Trouver moyen de rendre intéressante une tâche ennuyeuse, se débrouiller pour se sortir d'une impasse, et trouver une voie détournée pour fuir une réunion inintéressante, le Petit Professeur excelle dans ces situations. Il a plus tendance à rire qu'à se sentir paralyser par le surprenant.

L'émergence de l'état Enfant Adapté

Chez le petit homme, très vite, l'Enfant Spontané cède du terrain à l'Enfant Adapté. Dans les premiers mois, les parents et ceux qui sont chargés de l'enfant lui enseigne des règles précieuses pour sa survie et sa socialisation. L'obéissance et la conformité aux normes sont accompagnées de la part des parents de signes de reconnaissance. L'enfant apprend à se soumettre aux figures d'autorité familiales et sociales. Il tempère sa spontanéité, répond de manière plus appropriée culturellement, temporise, se replie. L'Enfant Adapté entend le message « tu ne fais pas cela pour toi mais pour être agréable à quelqu'un d'autre ». Mais aussi, las de se laisser dominé, l'Enfant Adapté parfois se rebelle, résiste et sabote. Au lieu de rechercher l'approbation parentale, il s'insurge contre elle. La rébellion est souvent l'envers d'un excès de soumission.

Lorsqu'un ordre, un principe est enseigné à l'enfant, celui-ci peut (cf. schéma):
1. s'y soumettre ou se rebeller dans le présent à partir de son Enfant Adapté (S ou R);
2. enregistrer cette information dans son Parent.

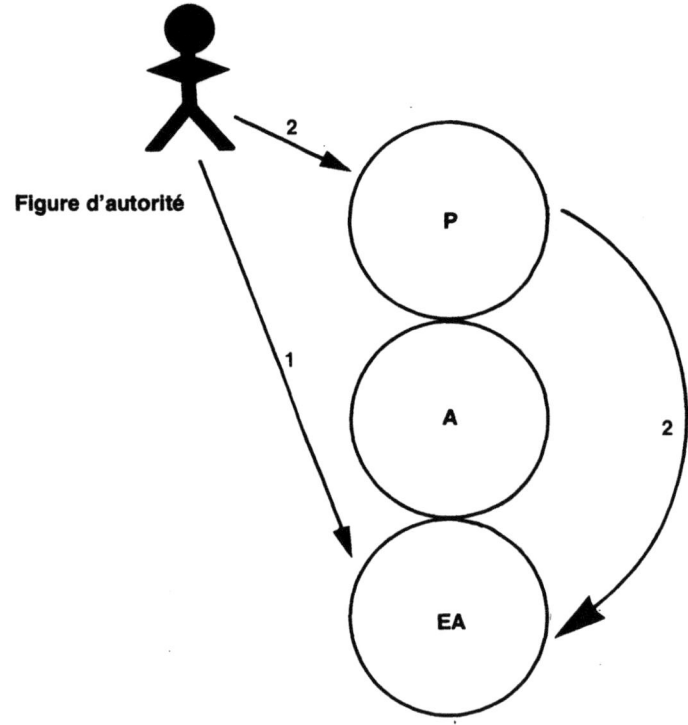

1. Adaptation
2. Enregistrement puis adaptation

Le plus souvent, adaptation présente et enregistrement sont simultanés. A partir de là, il n'est plus nécessaire par la suite de répéter ce principe ou cet ordre qui agira comme un programme immuable. Lorsque des années plus tard, cette personne se retrouvera dans la même situation, celle-ci fonctionnera comme un déclic, et son Parent restituera la parole issue de l'autorité. L'Enfant Adapté sélectionne les informations et les émotions familialement et socialement approuvées. L'Enfant Adapté est le gardien du plan de vie, il le fait sien et le protège même de la clairvoyance de l'Adulte. Une partie des adaptations joue un rôle répressif dans le développement de la personne. Elles sont utiles et indispensables, d'autres inutiles, certaines stériles voire destructrices. Les messages familiaux ont été renforcés jusqu'au moment où l'Enfant Adapté les a acceptés comme des réalités. L'enfant dès sa naissance vit ce qu'il est dans les yeux de ses parents selon l'image de Winnicott. Et pour adhérer à cette vision l'enfant risque de vivre un dysfonctionnement entre sa spontanéité et l'asservissement demandé par autrui. Pour obéir au «Etre comme il faut» familial et culturel, l'individu limite la part la plus authentique de lui-même, pousse au suicide ses souhaits propres ou au contraire s'oppose. Mais la révolte est toujours la preuve du contentieux avec le pouvoir. Perls a décrit dans un autre vocabulaire ce conflit entre l'Enfant et les figures d'autorité. Il parle du Grand Chef, du Top-dog moraliste et sûr de lui et du sous-fifre, underdog, qui se défend en jouant les idiots et les incurables — le grand chef considère les erreurs comme des péchés, il est autoritairement vertueux. C'est l'Enfant Adapté qui se voit souvent contraint d'obéir à des préjugés incompris et des interdits inadaptés. Le Parent dit souvent à l'Enfant «Pourquoi ne pas...» et l'Enfant Adapté répond parfois en révolte «oui, mais...» Car le sentiment d'infériorité cousine bien avec l'esprit de compétition et de défi. L'intériorisation de la norme est sa possibilité d'être répétée. L'Enfant Adapté exprime des émotions plus complexes que l'Enfant Spontané. Le petit de l'homme commence par ressentir de l'excitation, puis du plaisir et du chagrin, enfin de la colère, de la peur et du dégoût. Ces émotions apparaissent comme des perturbations physiologiques et des manifestations de l'Enfant Spontané. Puis ces mêmes émotions se nuancent, le trouble organique fait place à une réponse anticipée liée à une représentation mentale. L'Enfant Adapté reprend à son compte ces premières émotions et les complexifie. La jalousie, la peur d'être abandonné, le mépris et les sentiments parasites se font jour. Il semble que la colère — de l'Enfant Spontané — et la peur apprise de l'Enfant Adapté sont les plus fréquentes dans les combinaisons que sont l'envie, le souci, la gêne ou la jalousie.

Lors d'une hospitalisation, l'Enfant Adapté du malade est très présent, à la fois parce qu'il convient au personnel soignant et parce que la relation d'assistance réactive la situation de l'enfance.

Les réactions les plus usuelles du malade — positives ou négatives — sont :
- respecter inconditionnellement les instructions de soins,
- se plaindre,
- prendre son mal en patience,
- se replier sur soi, s'inhiber,
- attendre,
- se culpabiliser,
- faire semblant,
- être confus,

et aussi : se rebeller, exiger, être impatient,
- saboter le traitement.

Les malades qui ont un Enfant Adapté développé ne cherchent pas à devenir plus autonomes. Ils ne veulent pas participer à leur guérison mais souffrir un peu moins. Le courant actuel de conceptualisation des soins qui tend à rendre le client responsable et participatif, ne va pas dans leur sens qui est la soumission. C'est une illusion du personnel soignant que de croire que chaque malade a des attentes identiques, des croyances communes sur l'activité nursing.

Pour certains lors d'une hospitalisation, la colère du Parent Critique — pourquoi est-ce que cela m'arrive à moi — liée à la culpabilité de l'Enfant Adapté — je dois l'avoir mérité — immobilise la personne dans l'anxiété. Cette tension supplémentaire bloque l'énergie à un moment où le malade a besoin de tout son potentiel. L'angoisse est une tension chronique par rapport à la joie ou à l'activité sexuelle tension tonique. Elle est en soi un symptôme de déséquilibre lié à la réactivation des problèmes non résolus que chacun porte en soi et qui réapparaissent aux moments des fragilités actuelles.

L'Enfant Adapté est la partie en nous la moins homogène, celle où les sentiments mêlés se superposent et se confondent. Mais on n'imagine pas d'actions sans hésitations ou dénivellations, il appartient à l'Enfant Adapté positif d'accepter et de se soumettre aux diversités des situations. Son fonctionnement est le gage que des compensations restent possibles, que des alternatives atténuent les frustrations. Le petit qui retarde le moment de jouer pour finir un devoir ou le malade qui se range aux prescriptions médicales pour aller mieux sont aidés dans leur réalisation lorsque leur Enfant Adapté est assez flexible pour tolérer ces exigences. L'Enfant Spontané aurait pu les ignorer et n'en faire qu'à l'inspiration du moment. L'Enfant Adapté, comme tous les états du Moi, a des caractéristiques positives.

Le Parent

Le Parent comprend l'ensemble des enregistrements issus de l'observation des figures d'autorité et spécialement parentales. L'enfant assimile sans discussion et sans modification des comportements, des idées, des attitudes. Il intériorise ce que ses parents savent, lui ont montré et la manière dont ils l'ont traité. Le Parent est la copie du père et de la mère avec ce que Sullivan appelle les distorsions parataxiques, c'est-à-dire la représentation dénaturée et subjective de ce que chacun semblait être. Peu à peu l'enfant se constitue un immense recueil de données non vérifiées, mais qu'il tiendra pour exactes. Il aura à sa disposition les propos officiellement professés, les vues usuelles, les valeurs obligées que son entourage considère comme vraies et estimables. A l'âge de 22 mois une petite fille qui joue à la poupée, en imitation du comportement maternel, agit à partir de son état Parent. L'apparition précoce de cette instance de personnalité aura une grande portée plus tard si l'Adulte ne confirme pas les données du Parent. Dans ce conflit toujours possible, toujours renaissant, le Parent sera auréolé de son autorité et de son alliance aux prestigieuses figures patriarcales. Le Parent dispose de réponses automatiques, constantes et traditionnelles. Il évite l'hésitation et le doute. En cas de blocage, il a toujours une solution, celle des conduites convenables apprises. Chaque fois qu'une personne s'estimera investie d'un rôle de juge, de conseil, de critique ou de protection d'autrui, chaque fois qu'elle appuiera ses propos d'une façon énergique et définitive, il est probable qu'elle sera dans son état Parent, qu'elle rediffusera ses propres enregistrements sur la question posée. Le Parent comprend 2 instances :
- le Parent Critique qui s'allie surtout avec la colère et l'indignation;
- le Parent Nourricier qui s'allie surtout avec l'attendrissement et l'encouragement.

Le Parent Critique

Le Parent Critique est plus spécifiquement la source des valeurs. Il offre des modèles et des justifications aux conduites qu'il inspire. Il affirme et affiche ses préférences. Il traite l'information d'une manière magistérielle, soupçonneuse et dogmatique. Il la compare, l'admet ou la condamne selon ses idéaux. Il évite les remises en cause, moralise selon les dogmes, assène ses affirmations. Le Parent Critique est la mémoire des familles, il thésaurise leurs savoirs, il contient leurs croyances infrangibles, leurs maximes et leurs prophéties. Les voix parentales disant à chacun ce qu'il doit faire. En cas de conflit, le Parent Critique est inflexible, il attend un acquiescement total à ses solutions. Nous verrons que dans les communications biaisées que sont les jeux persécuteurs, le Parent Critique formule des demandes vagues pour assujettir et critiquer plus aisément. Les directives sont auditives dit Berne... alors que les désirs sont visuels. D'où les rébellions contre un Parent sont souvent des phrases du type : « je ne peux plus l'entendre », « sa voix me fatigue », « il me casse les oreilles ». Le Parent Critique des figures familiales émet les prescriptions ou directives parentales — que nous analyserons au chapitre 5. Excessif, le Parent Critique devient misanthrope sinon paranoïde par ses affirmations péremptoires.

Le Parent Nourricier

A côté du Parent Critique Contrôlant ou Normatif, le Parent Nourricier aide, soutient, compatit. Il suggère un repos ou un soulagement, prend une attitude conciliante pour réparer une erreur, insiste pour la sauvegarde de chacun. Il est bienveillant et chaleureux dans ses réponses. Il encourage à être, il stimule et fortifie. Le Parent Nourricier protège ceux qui en ont besoin, guide les actions d'autrui, et donne son attention. Il offre des signes de reconnaissance positifs, accompagne les initiatives et applaudit aux succès. Le Parent Nourricier du personnel hospitalier est fortement sollicité dans l'activité soignante. Il calme les inquiétudes, apaise les anxiétés, adoucit les différents, tempère les doutes. Son attitude est enveloppante lors des situations pénibles et inconnues, il offre sa sympathie et sa compréhension. Le malade attend ce maternage, sans que cela soit incompatible avec sa propre prise en charge par son Adulte. Le courant actuel d'autonomisation du client est un processus positititif, il serait inopportun qu'il retire maladroitement au malade son besoin d'être aidé et apaisé. Le Parent Nourricier est propagateur d'espoir, fait progresser, dynamise par ses encouragements, accueille et réconforte. Accepter une personne par son Parent Nourricier, c'est l'admettre telle qu'elle est et selon l'image idéale que l'on s'en fait.

Pourtant par ses excès, le Parent Nourricier risque de freiner, de faire en lieu et place de.

Chaque fois que le mot trop est celui qui décrit le mieux la situation, le Parent Nourricier est négatif : trop de gentillesse, trop de sollicitude, trop de protection. Par ses excès, le Parent Nourricier inhibe, maintient les dépendances, réduit les initiatives.

L'Adulte

A distance des conclusions affirmées du Parent et des turbulences émotionnelles de l'Enfant, l'Adulte calcule, élabore, ordonne les données. Il observe et raisonne, tire des conclusions en se fondant sur des faits plus que sur des opinions ou des sentiments. Il détermine des probabilités, nuance ses jugements, structure méthodiquement sa pensée. Il est l'instance qui prend en charge rationnellement les problèmes. Il abstrait et constitue le fichier des lois et des constantes que l'expérience confirme. Par sa persévérance, sa capacité d'écoute, son attention constante aux choses et aux êtres, l'Adulte fonde sa compétence sur des solutions constructives, explicables, transmissibles et pertinentes. Son perfectionnement est toujours possible vers plus de clairvoyance et plus de maîtrise. Il est cette partie du moi que Freud appelle le timonier central, celui qui sans cesse rétablit les équilibres précaires et les harmonies indécises. Il se tient à distance des enregistrements archaïques du Parent et des exigences continues de l'Enfant. C'est à l'évidence, l'instance de personnalité qui est la plus fortement sollicitée par le travail hospitalier. Chacun des actes de soin est centré sur un objectif réfléchi et voulu. L'Adulte est adaptabilité au présent, organisation des réalités, appel à l'expérience. Il est fortement marqué par le langage.

A travers le traitement de l'information il prend en compte les catégories linguistiques. Et par cela, l'Adulte n'est pas exempt d'influences culturelles. Son autonomie n'est pas une liberté hors de tous liens et de toutes contraintes. Le réel que prend en charge l'Adulte à travers ses perceptions, se moule inévitablement dans des schémas culturels. Watzlawick nous avait déjà rappelé que la réalité est indissociablement liée à une représentation d'une culture et à l'intérieur de celle-ci à un individu. L'Adulte agent du changement est l'instance de la personnalité sur laquelle s'appuye la thérapie. L'une des vertus de l'Adulte est le courage: celui d'agir avec des connaissances limitées et des informations insuffisantes. A la capacité chez l'Enfant Spontané de partager des sentiments correspond chez l'Adulte la capacité de partager les faits. L'Adulte définit une troisième vision du monde différente de celle de l'Enfant et du Parent:
- le Parent définit une vie enseignée, idéale;
- l'Enfant exprime une vie désirée, imaginée ou sentie;
- l'Adulte construit une vie probable, tel qu'il la voit en fonction de toutes les données.

B. L'exploration de notre personnalité

Ce schéma rappelle les notions précédentes :

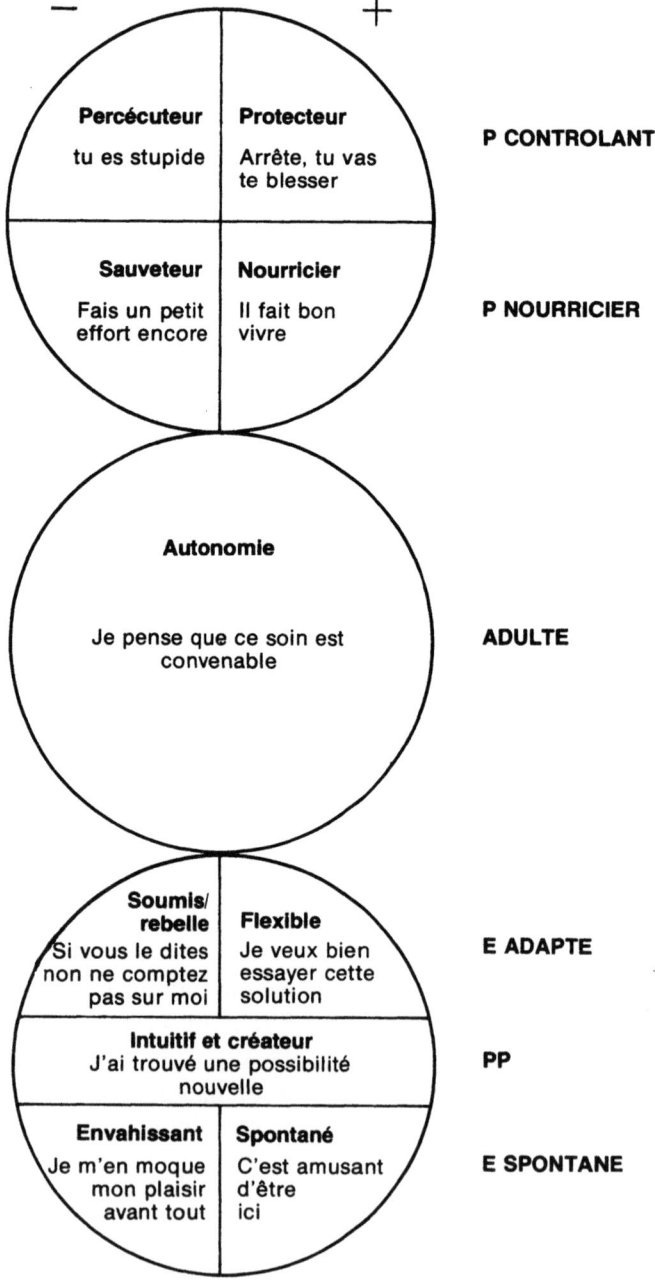

Ce schéma montre que chaque état du Moi est à la fois négatif et positif. Une personne qui use positivement de ces 6 états de personnalité est à la fois responsable et nourricière, autonome et flexible, créative et spontanée. Ces 6 qualificatifs résument un être en bonne santé. Ils constituent le modèle de personnalité proposé par l'AT.

Les caractéristiques des états de personnalité

Un exercice mnémotechnique souvent proposé consiste à caractériser chaque état du moi par un mot dont la première lettre est semblable à l'état du moi considéré. Exemple : P comme Parent. Vous pouvez trouver d'autres termes qui définissent le Parent, l'Adulte ou l'Enfant en plus de ceux proposés.

Le Parent est :	Permission, protection, puissance
	Pesanteur, préjugés, permanence
	Pouvoir, punitif, persécuteur
	Principes préétablis, parole révélée
	Patron, parrain, patriarche
	Programme, prohibition, prescription
L'Adulte est :	Activité
	Autonomie, adaptation, accomplissement
	Accueil apaisant, attente
	Actualisation, adéquat, avenir
	Analyse, apport, accord
L'Enfant est :	Emotion, envie, élan
	Eduqué, endoctriné, enseigné
	Effrayé, emporté, épuisé
	Egocentrique, excessif, exclusif
	Embarrassé, ennui, espérance
	Epatant, érotique, extasié

Quelques réponses spécifiques des états du Moi

Une attention aux comportements, une observation répétée permet peu à peu à chacun de repérer l'état de personnalité qui s'exprime et qui est aux commandes. Pour aider cet apprentissage, voici 60 phrases caractéristiques des états du moi.

Phrases Parent Critique

« Là je suis responsable des règles et elles doivent être appliquées. »
« J'attends de vous un respect des consignes. »

« Je crois que les gens ne sont pas assez conscients des conséquences de leurs actes. »
« Si je vous fais des observations sur votre régime, c'est pour votre bien. »
« Eliane passe son temps à dénigrer, je ne peux pas la souffrir. »
« Je ne tolère pas que quelqu'un mette en doute mes propos. »
« Taisez-vous et écoutez-moi. »
« Si je vous impose mon point de vue, c'est parce que je n'en vois pas de meilleur. »
« Il faut peiner pour réussir ici, votre laisser-aller ne vaut rien. »
« Faites correctement votre travail ou sinon gare à vous. »

Phrases Parent Nourricier

« Attendez, je vais le faire à votre place. »
« J'insiste pour que les malades suivent un traitement à la sortie de l'hôpital. »
« Je me demande ce que ce service deviendrait sans moi. »
« J'aide une collègue en difficulté sur un soin. »
« Je tente de concilier les points de vue différents. »
« Oh! ce n'est pas un si grand sacrifice que de rester quelques minutes après l'heure. »
« Notre métier est de porter secours aux personnes angoissées. »
« Je me charge de vous remplacer si vous voulez. »
« Allons réconforter le malade de la chambre 8. »
« Je range sa chambre, il ne peut le faire facilement. »

Phrases Adulte

« Je pense le plus souvent en terme d'analyses des données et de probabilités. »
« Je cherche les faits avant tout. »
« J'enquête avant de décider. »
« Je trouve utile de suivre des cours de perfectionnement. »
« Je garde mon calme même quand les choses tournent mal. »
« Je suis autonome dans ma tâche et j'entends le rester. »
« Combien coûte ce nouveau médicament ? »
« J'ai analysé votre dossier, vous n'avez rien de sérieux. »
« Je vous attends. »
« Même quand le malade a besoin de soutien je ne peux pas m'empêcher de regarder d'abord le dossier. »

Phrases Enfant Adapté

« Je réponds poliment au médecin ou à la famille d'un malade. »

« C'est vrai, je dis souvent merci et si vous voulez, cela vient de mon éducation. »
« J'écoute et obéis à la surveillante, même si cela ne me convient pas. »
« Je me sens souvent blessé lorsque l'interne parle de mon travail devant tous. »
« Ces murs me donnent la déprime. »
« Je me sens coupable de ce retard. »
« Ma maladresse me gêne quand même. »
« J'attends que l'on me demande mon avis avant de le donner. »
« Je le fais pour vous mais sans conviction. »
« J'ai le trac avant un examen. »

Phrases Petit Professeur

« J'ai de l'intuition pour faire la bonne réponse. »
« Je sais rendre intéressant une activité répétitive. »
« Je me débrouille bien pour éviter de faire un travail ennuyeux. »
« Il m'arrive de me rendre auprès d'un malade au moment où je sens qu'il a besoin de moi. »
« Je devine parfois la réponse des personnes avant qu'elles parlent. »
« Je vais lui jouer un tour et il ne saura pas d'où cela vient. »
« Dans une situation nouvelle, je m'en tire assez bien. »
« J'ai plusieurs fois trouvé des solutions astucieuses aux problèmes qui m'étaient posés. »
« Quand je veux une chose, j'y pense fortement et elle arrive. »
« Je sais m'y prendre pour me faire accepter. »

Phrases Enfant Spontané

« J'ai plaisir à détendre et à faire rire un malade. »
« Je veux de suite ce dont j'ai envie. »
« J'aime prendre une longue pause au soleil après le café. »
« Je souris aux personnes lorsque je les écoute. »
« Quand je ressens une impulsion à donner mon avis, je n'y résiste pas. »
« Je n'arrive pas à me dominer : s'il reste un dernier fond de champagne je le bois. »
« Quand je le vois, il me met en colère. »
« Si vous voulez, on peut se tutoyer. »
« Je me sens bien ce matin. »
« Cette aide soignante m'agace. »

C. La reconnaissance des états du Moi

Chaque état du Moi possède des aspects positifs et négatifs. Ainsi, l'Enfant Adapté est à la fois soumission et acceptation des règles sociales, réserve et discrétion mais aussi accumulation de sentiments parasites, temporisation et inquiétude injustifiée. Afin de vous permettre de repérer ces différences, faites l'exercice suivant et cherchez aussi à mettre en évidence vos propres caractéristiques :

Une personne qui utilise pleinement son potentiel personnel est celle qui est à même selon la situation de mettre au commandement l'état du moi le plus adapté pour résoudre le problème posé. Etre Adulte pour analyser le dossier d'un malade, Parent Nourricier pour comprendre l'inquiétude d'un ami, Parent Critique pour rappeler à ses subordonnés l'importance et le respect des règles du service, Enfant Adapté pour saluer une personne ou Enfant Spontané à l'heure de la pose, c'est faire preuve d'une souplesse et d'une réussite constante dans l'échange. En fait, selon la répartition usuelle de notre énergie psychique — c'est-à-dire selon notre égogramme — c'est l'état du moi le plus actif qui tente de répondre le premier, même s'il n'est pas le plus habilité dans la situation présente. Par exemple, une personne qui a une forte personnalité aura plus tendance à critiquer, rappeler les règles ou aider alors qu'une analyse des données à partir de l'Adulte aurait dans certains cas été plus opportune.

Reconnaissance du contenu des états de personnalité

- Indiquez quel état de personnalité assume la charge de ...
- Notez que l'Adulte et le Petit Professeur n'ont pas de signe.

	Etat Pers	+ou−
1. Imposition de normes et/ou de limites		
2. Excès de permissivité		
3. Politesse exprimée		
4. Punition adaptée		
5. Permission		
6. Mettre à jour Parent et Enfant		
7. Sentiments-parasites: méconnaissances, confusions		
8. Sur-protéger		
9. Doter de caresses positives		
10. Socialisation reçue		
11. Rages		

	Etat Pers	*+ ou −*
12. Rassemblement des données		
13. Tenir pour acquis sans justification		
14. Ecoute		
15. Nutrition		
16. Ne rien se refuser		
17. Temporisation		
18. Attentes réalistes		
19. Ajustement		
20. Vérification des transactions		
21. Impulsivité		
22. Gaver l'autre		
23. Effrayer		
24. Considérer les options et les alternatives		
25. Jouer au sauveteur		
26. Donner des encouragements		
27. Exprimer des sentiments		
28. Etre ferme et décidé		
29. Etre têtu		
30. Paraître réservé et discret		
31. Etre débordé		
32. Etre aimable		
33. Etre nonchalant		
34. Résoudre avec perspicacité un problème		
35. Traiter un problème avec intelligence et raison		

Exercice d'exploration

Exercez-vous à reconnaître les caractéristiques spécifiques à chacun des six états du Moi.

- *Les attitudes*

1. Autoritaire - 2. Compréhensive - 3. Curieuse - 4. Docile - 5. Honteuse - 6. Changeante - 7. Moralisatrice - 8. Objective - 9. Généreuse - 10. Charmeuse - 11. Calme - 12. Mobile.

- *La voix*

13. Egale - 14. Bruyante - 15. Plaintive - 16. Investigatrice - 17. Affectueuse - 18. Condescendante - 19. Rassurante - 20. Défiante - 21. Neutre - 22. Dégoûtée - 23. Manipulatrice - 24. Excitée.

- *Le vocabulaire*

25. Combien - 26. Je ne peux pas - 27. Extra - 28. Magnifique - 29. Toujours - 30. Il faut - 31. J'essaierai - 32. Supposons - 33. Vas-y - 34. Possibilité - 35. Je suppose, hum ! - 36. Bof.

- Le geste

37. Bras ouverts - 38. Posture droite - 39. Doigt pointé - 40. Gêne - 41. Sans inhibition - 42. Doigt sur le menton - 43. Main devant la bouche - 44. Incliné sur le côté - 45. Direct - 46. Accueillant - 47. Mobile - 48. Bras croisés, tête haute.

Réponse :

PC	1 7	18 22	29 30	39 48
PN	2 9	17 19	28 33	37 46
A	8 11	13 21	25 34	38 45
EA	4 5	15 20	26 31	40 43
PP	3 10	16 23	32 35	42 44
ES	6 12	14 24	27 36	41 47

Réponses exercice : reconnaissance du contenu des états de personnalité

1 PC+ 2 PN − 3 EA+ 4 PC+ 5 PN+ 6 A 7 EA− 8 PN −
9 PN+ 10 EA+ 11 ES − 12 A 13 PC − 14 A 15 PN+
16 ES − 17 EA− 18 A 19 A 20 A 21 ES −
22 PN − 23 PC − 24 A 25 PN 26 PN+ 27 ES +
28 A 29 ES − 30 EA+ 31 EA − 32 EA+ 33 ES −
34 PP 35 A

D. L'égogramme

La structure d'une personnalité se définit par le poids respectif de chacun des états Parent, Adulte, Enfant. A travers la variété des situations, l'individu répond par préférence à partir de l'un de ses états de personnalité. Notre énergie ne se répartit pas également, n'investit pas avec autant d'intensité chaque état du moi. L'égogramme est la représentation graphique de la structure d'une personnalité. Cette visualisation des comportements caractéristiques a été proposé par John Dusay. Dans de nombreux cas nous nous inspirerons de ses analyses. Exemple d'égogramme (v. fig. 1).

La connaissance de l'égogramme d'une personne apporte des renseignements précieux sur son attitude dominante envers elle-même et les autres, sur sa prédisposition à certaines maladies, sur les changements qu'elle serait susceptible de pratiquer avec elle-même pour poursuivre un développement équilibré. Existe-t-il un égogramme type ? La question n'appelle pas encore une réponse définitive, ce que nous pouvons affirmer c'est qu'une activation excessive d'un état du moi et par conséquent un déséquilibre dans les autres constitue une structure inadaptée de personnalité. J. Dusay propose le schéma suivant en couverture de son livre *Egograms*, 1977 (v. fig. 2).

Figure 1.

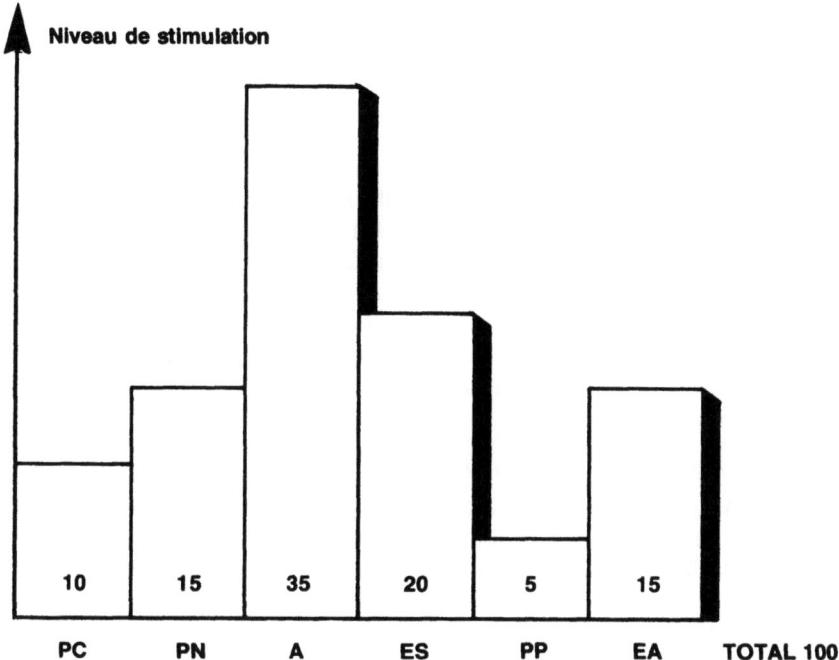

Figure 2.

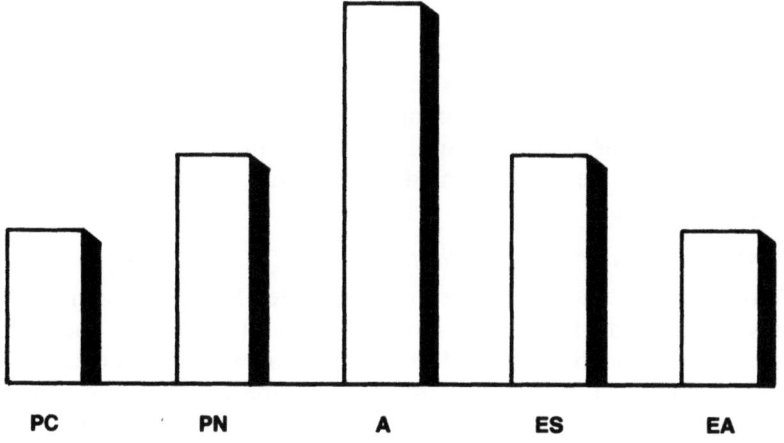

L'égogramme avec une dominante

Dans une structure de personnalité équilibrée, tous les états de personnalité accèdent à un bon niveau d'activation. Certaines personnes pourtant ont une dominante très marquée. Examinons celles-ci :

- *Le Parent Critique est dominant*

Cette personnalité rigoureuse et inflexible, responsable et moralisatrice, vit selon des règles strictes. Intransigeante avec elle-même, sans complaisance pour autrui, elle légifère, ordonne et contraint. La tolérance et la spontanéité ne sont pas son fort. Elle est normative, adhère à ses valeurs, critique et persécute ceux qui s'opposent ou ignorent son modèle d'existence. De plus, elle est perfectionniste. Et cet absolutisme crée une surcharge qui ne laisse aucun espoir à la détente et au plaisir.

- *Le Parent Nourricier est dominant*

Prête à aider, à soutenir, à compatir, cette personnalité représente la bonne image de l'infirmière, du médecin, du psychologue ou du thérapeute. Soucieuse d'autrui, accueillante et chaleureuse, elle offre ses services et son attention. Pourtant cette richesse relationnelle ne va pas sans dommage lorsqu'elle devient excessive. Elle risque d'être trop présente, de freiner les initiatives, de surprotéger, d'annihiler les tentatives d'autonomie de ses malades. Rappelons-nous que chaque état de personnalité est double, il est à la fois positif et aussi négatif par son hyperfonctionnement.

- *L'Adulte est dominant*

Son approche de la réalité, sa recherche des faits, son appel à l'expérience et à l'expérimentation font reconnaître cette personnalité comme précise et rigoureuse. Elle analyse les données, formule des hypothèses, définit des objectifs, élabore une méthode de résolution du problème, évalue et se perfectionne. L'infirmière reconnaît là son sens de l'objectivité, de la mesure, et de la confrontation des points de vue. A l'excès, cette personne devient froide, calculatrice, sèche, férocement lucide.

- *L'Enfant Spontané est dominant*

L'existence est vécue comme une plénitude. Emotions communicatives, chaleur de l'échange, intuition du mot juste qui libère et apaise. La personnalité Enfant Libre fait partager ses enthousiasmes et ses sentiments. L'infirmière Enfant Spontané est la bonne camarade, spontanée et affective. Motivée pour ses centres d'intérêt, mobile, cette personne peut aussi être exclusive, envahissante, turbulente et agitée.

● *L'Enfant Adapté est dominant*

Capable d'adaptation, de compromis, respectueuse des règles et des autres, la personnalité Enfant Adapté est obéissante et soumise aux règlements et aux valeurs de groupe. On dit dans le service de cette infirmière qu'elle est discrète et effacée, qu'elle vit en conformité avec ceux qui l'entourent. Pourtant, cette personne peut aussi attirer négativement l'attention sur elle par ses doutes, sa culpabilisation, voire sa rébellion et ses contres.

Les styles personnels

Chaque responsable peut avoir une tendance, selon la répartition de son énergie psychique, à utiliser plus souvent l'un de ses états du moi dans les situations de communication, de commandement ou de tout autre type de relation selon les catégories de l'égogramme.

Nous décrirons les personnalités: Parent Critique, Parent Nourricier, Adulte, Enfant Adapté Soumis, Enfant Adapté Rebelle, Enfant Spontané.

La personnalité Parent Critique

Respecter les normes, atteindre les objectifs, s'en tenir aux principes est caractéristique du Parent Critique.

- Elle juge souvent et avec les termes définitifs: toujours et jamais.
  «Vos résultats sont insuffisants.»
  «Votre chambre est toujours en désordre.»
  «Vous ne faites jamais attention.»
- Elle affirme, rappelle les règles.
  «Il faut être à l'heure.»
  «Il n'y a qu'à vous en occuper de suite.»
- Elle généralise.
  «Les médecins sont tous pressés.»
  «Les jeunes infirmières n'ont aucune conscience professionnelle.»
  «On ne peut se fier aux dires des malades.»
- Elle dévalorise, critique, persécute.
  «En vous y prenant ainsi, nous n'y arriverons pas.»
  «Respectez la consigne de silence.»
  «Ma pauvre fille, vous ne serez jamais une infirmière compétente.»

La personnalité Parent Nourricier

Soucieuse de bonnes relations, chaleureuse et compatissante, cette personne excuse aussi toutes les erreurs. Parfois elle surprotège, accepte les performances insuffisantes.

- Elle aide et soutient.
   « Si vous avez besoin de moi, n'hésitez pas. »
   « Pour vos vacances, je vais arranger cela avec le Directeur. »
   « Continuez dans cette voie. »
- Elle se préoccupe d'autrui sincèrement.
   « Reposez-vous, après cette intervention vous avez été fatiguée. »
   « Pour votre régime, suivez-le bien. »
- Elle freine et sauve.
   « Ne vous aventurez pas là, c'est trop dangereux. »
   « Racontez-moi vos malheurs. »

La personnalité Adulte

C'est une personne réalite, compétente, soucieuse d'analyse objective mais dont les répétitions exclusives de recherche des aspects mesurables et indiscutables peuvent conduire à un comportement froid et technocratique.

- Elle observe, organise, évalue les probabilités.
   « Je pense que ce traitement a eu les effets attendus. »
   « Voilà notre plan de travail de la journée. »
   « En réalisant ce soin ainsi, nous avons de fortes chances de soulager le malade. »
- Elle écoute et reformule.
   « Votre propos me paraît exact. »
   « Si je vous ai bien compris, vous avez dit... »
- Elle exclut le sentiment.
   « Je travaille avec des données mesurables, non des impressions que vous ne pouvez me démontrer. »

La personnalité Enfant Adapté Soumis

C'est la personne de la flexibilité et de l'adaptation aux autres mais aussi du conformisme.

- Elle se soumet et s'excuse.
   « Je le fais comme vous le dites, monsieur. »
   « J'aurais dû m'en tenir à vos directives. »
   « J'ai cru bien faire. »

- Elle doute d'elle-même, s'évite les reproches, se culpabilise.
« Je ne sais si j'y arriverai. »
« C'est encore de ma faute. »
- Elle est aussi capable de soumission positive aux règles.
« Je respecte les règles d'aseptie. »

La personnalité Enfant Adapté Rebelle

C'est la personne qui contre tout le temps et s'oppose. Elle a d'autant un contentieux avec l'autorité, qu'elle a été souvent obligée de se soumettre. Parfois, cette liberté est indépendance d'esprit positive.
- Elle affiche ses contres.
« Je ne le ferai pas. »
« Ce n'est pas moi que cela regarde, elle n'a qu'à se débrouiller seule. »
« Avec cette surveillante, comment voulez-vous que cela marche. »
« Les règles je m'en fiche. »
« J'ai mes raisons pour ne pas le faire. »

La personnalité Enfant Spontané

Spontanée et libre, cette personne peut aussi gêner par son expansionnisme.
- Elle s'exprime dans le présent.
« Je veux, j'ai envie, c'est formidable. »
« Que faisons-nous maintenant, je n'aime pas attendre. »
« Je fais ce qui me plaît, tant pis si cela gêne. »
« Je suis trop franche même si cela blesse les autres. »
« C'est sympa de travailler dans ce service, il y a une bonne ambiance. »

L'Adulte et les autres états du Moi

L'Adulte tolère la contradiction, repousse les tentations totalisantes du Parent et de l'Enfant, compose avec le monde extérieur, propose l'alternance des activités et des sentiments, l'acceptation des cycles de la vie. Il utilise au mieux ses ressources, à distance des modèles convaincus du Parent et des impatiences et illusions de l'Enfant. Il a un objectif avoué de connaissance, de compréhension et d'explicitation. Il trie dans les projets de l'Enfant ceux qu'il peut réaliser, après en avoir discuté avec le Parent, il promeut ceux d'entre eux que la réalité a quelque chance de confirmer. L'Adulte hésite, là où le Parent donne déjà une réponse, celle de la tradition ou pire celle de la routine; il avance avec quelque réflexibilité là où l'Enfant se serait déjà engagé, en investissant toute son énergie. Il apparaît par certain côté prudent et timide, mais pour mieux s'engager avec lucidité et détermination. L'Adulte invente la méthode, le procédé rigoureux. Il est dépositaire des vertus de l'action, alors que les vertus morales caractérisent le Parent, et les vertus du sentiment, l'Enfant.

En somme l'Adulte par sa recherche de l'autonomie par rapport aux urgences des besoins, aux règles culturelles intériorisées et aux pressions de la réalité préserve la personne de la dispersion des actes. Il porte les pratiques à une dimension d'ensemble unificatrice. Il est le centre d'où l'être reconnaît sa capacité à équilibrer ses propres demandes et les contraintes extérieures. Il agit comme facteur de sélection et d'agrégation des conduites, l'individu y reconnaît sa propre identité. L'homme légitime les pratique et se retrouve dans ses choix conscients, même si ceux-ci restent en permanence relié à des manifestations inconscientes. L'Adulte réduit sa propre subjectivité en sollicitant l'avis d'autrui, il est capable d'écoute, d'attention aux propos différents des siens. Le Parent n'entend que les mots qui ressemblent à ses maximes et l'Enfant que ce qui apaise ou satisfait ses désirs. L'ordre de l'Adulte est second, il est postérieur à l'ordre pulsionnel de l'Enfant et à l'ordre des affirmations pérennes du Parent, instance familiale et culturelle. Face à la mémoire du groupe où le Parent puise ses vérités, l'Adulte construit les actes de sa propre mémoire à travers ses choix et ses refus, ses engagements et ses projets. L'Adulte se donne mission de tracer le récit le moins partiel de l'histoire de la personne, il dresse le fichier de ses comportements et adapte ses normes par expérience. Mais ces constatations peuvent heurter les certitudes de Parent. Dans ce conflit toujours possible, l'Adulte se dégage des réponses immuables parfois obsolètes du Parent. Mais tel est son paradoxe, que l'Adulte d'aujourd'hui sera le Parent de demain. Et cette même personne riche de ses observations les présentera aux autres comme des vérités révélées. Plus l'Adulte analyse des données et plus il recycle les croyances du Parent. Aujourd'hui, à l'hôpital comme dans l'ensemble des milieux scientifiques et techniques, les changements de méthodes sont si nombreux et fréquents que les lois du Parent sont en permanence attaquées dans leurs affirmations péremptoires et leurs redondances inadaptées. L'Adulte recommence, il ne s'en tient pas aux éléments propres du Parent, il expérimente, il a la passion des critiques, des faits, des itinéraires de recherche. Avant l'engagement de l'Adulte, les quêtes de l'Enfant ne sont que des virtualités. Certes l'Enfant Spontané par sa capacité d'intimité, par son empathie, trouve le chemin des autres, réalise des arrangements, mais son action reste fragmentaire, ses projets incohérents s'il ne trouve pas l'alliance de l'Adulte avec ses ressources de méthodes, d'études et de résolution de problème. Parfois, avant d'amener une personne dans son Adulte, il est peut-être nécessaire d'amadouer le Parent et de gratifier l'Enfant.

Egogramme de personnes en difficulté

Certains égogrammes traduisent avec évidence les problèmes de la personne en difficulté. Ceux-ci sont corrélatifs aux structures typiques de personnalité. Ainsi, l'hypertendu ou le dépressif n'activent pas les mêmes états du moi.

Dans le 1er cas, l'Adulte et l'Enfant Adapté sont élevés, le Parent Critique est bas. Dans le 2e cas, l'Enfant Adapté est le plus élevé, le plus bas est l'Enfant Spontané. Nous analyserons succinctement 8 personnalités :

1. Le solitaire : dominantes le Parent Critique et l'Enfant Adapté. Souvent confus, il obéit d'abord aux règles intériorisés qui le mettent à distance d'autrui. Misanthrope, le solitaire ne sait pas se faire plaisir en compagnie des autres, il se fait du mal en restant sous la dépendance de ses valeurs stérilisantes.

2. Le dépressif : dominante l'Enfant Adapté. La conformité aux normes sociales et parentales, la soumission aux figures d'autorité, l'absence de joie dans les rencontres et les réalisations le caractérisent. Il a étouffé en lui l'Enfant Spontané et ne sait plus se donner du plaisir. Rien ne vaut la peine d'être tenté pour s'en sortir. Il épouse des sentiments très complexes de doute, voire de culpabilité.

3. L'obèse : dominante le Parent Nourricier. Généreux dans l'échange, il gratifie autrui mais se retrouve lui-même sans signes de reconnaissance, alors il mange pour compenser. Pour maigrir, il lui faut être reconnu, recevoir plus qu'il ne donne, inverser les termes de l'échange.

4. Le familier des maux de tête : dominantes l'Adulte et l'Enfant Adapté. Son sérieux et son adaptabilité sociale font qu'il poursuit sans relâche ce qu'il entreprend. Il travaille, se perfectionne sans cesse et ne trouve jamais le temps de se détendre. Il est content de son œuvre et rarement de lui. Pour lui, la vie n'est pas la joie. Sa valeur sociale est grande mais son plaisir personnel très réduit.

5. **L'hypertendu**: dominantes l'Enfant Adapté et l'Adulte. Réaliser en pratique les valeurs d'autrui, faire ce que l'on doit, voilà le slogan de sa vie. Il se soumet et obéit à ce qu'il a intériorisé. Etre admis familialement, socialement est son obsession journalière. Il est très sensible au qu'en dira-t-on. Il fait effort pour toujours paraître convenable.

6. **L'ulcéreux**: dominantes l'Adulte et le Parent Nourricier. Il ne sait pas exprimer ses sentiments spontanés: colère, peur. Il paraît impassible, protecteur d'autrui, mais son faible Enfant Adapté lui ferme les chances de trouver son compromis. Il est compétent et chaleureux pour les autres mais n'ose dire vraiment ce qu'il ressent. Il fait semblant et prend beaucoup sur lui. Il intériorise les microagressions de la vie.

7. **L'artiste paumé**: dominantes l'Enfant Spontané et l'Enfant Adapté. Comme la cigale, il chante et fait tout ce que l'on veut bien lui confier. Mais il n'a aucun sens des réalités, ne sait pas se protéger et ses valeurs sont mal affirmées. Il vit dans l'instant, sans projet, plutôt dans l'illusion. Il dit oui à tout. Mais l'incohérence de ses pratiques, son incapacité à poursuivre un plan, font de sa vie un zigzag sans but.

8. **Le suicidaire**: dominantes le Parent Critique, l'Adulte et l'Enfant Adapté. Cette formule est propice à la destruction de soi. La personne est adaptée à des figures parentales intériorisées et destructrices. Elle en épouse les règles et les met en application par son Adulte. Elle ne trouve dans la vie aucune occasion de se réjouir et de se faire du bien. Elle n'éprouve ni plaisir, ni raison d'espérer. Elle ne donne ni ne reçoit de signes de reconnaissance. Elle est tentée de supprimer son inutilité et elle-même.

Evolution de la personnalité vue à travers son égogramme

Selon le principe de la conservation de l'énergie psychique, plus un état du Moi est sollicité et activé, plus un autre état est bas. Une personne qui veut changer et qui y parvient se trouve au terme de son évolution avec un égogramme différent. C'est entre les deux états du Moi qui ont l'écart le plus important que se fait généralement le transfert énergétique. Ainsi dans les deux diagrammes suivants la personne réduit son utilisation excessive de l'Adulte vers l'Enfant Spontané. Cet égogramme est caractéristique d'un ulcéreux, normatif, aidant et réaliste mais qui ne sait ni jouer ni dépendre d'autrui. Sa guérison passe par une libération de sa spontanéité, une détente vers l'extérieur, une reconnaissance de l'apport des autres, le droit à exprimer sa colère et tous ses sentiments négatifs — rébellion, peur, envie...

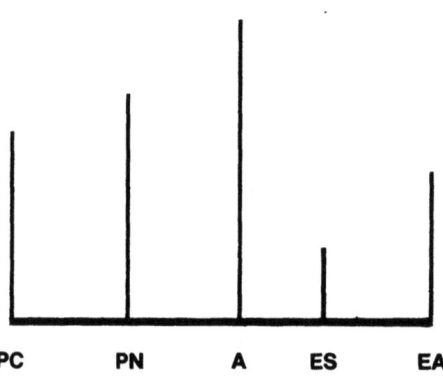

Ulcéreux avant thérapie

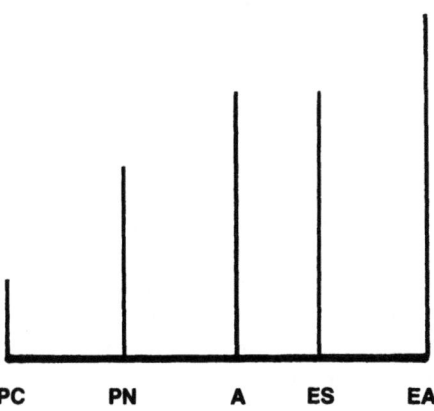

Après guérison

Sur le plan thérapeutique, le principe consiste à toujours agir sur l'état du moi le plus bas pour l'activer; et par voie de conséquence, le plus fréquemment stimulé et répondant, réduit son intensité expressive. Ce travail n'est pas aisé surtout au début car la personne résiste involontairement à ce changement, elle tente de maintenir ses réponses usuelles et cela encore plus dans les situations conflictuelles. Les anciennes réponses sont les plus connues. Elles sont testées, chacun en connaît bien le mécanisme, si elles ne sont plus très originales, elles apportent au moins la sécurité et la familiarité, conforte une structure de personnalité.

Dans un nombre important de cas, chacun choisit une activité professionnelle qui s'accorde avec sa dominante. Dans le milieu soignant, on trouve heureusement plus de Parent Nourricier que de Parent Critique. Nous manquons encore d'études pour asseoir de telles affirmations. Ce qui est certain, c'est qu'une personne peut sans grande difficulté conforter sa dominante et son égogramme à travers les usages sociaux. Etre parent, citoyen ou éducateur, travailleur ou joueur autorisent l'utilisation de l'ensemble des états de personnalité. Les situations de groupe sont suffisamment diverses pour que chacun trouve une justification, voire un alibi à son style personnel. Edicter des règles, aider, traiter les données, faire des compromis ou s'amuser sont choisis par l'individu en corrélation avec son état du moi dominant. S'il y a lieu qu'une personne change, il importe d'activer ses états du moi les plus discrets. Ceci aura des conséquences dans sa perception de son environnement, dans sa relation à autrui et à sa tâche, et peut dans quelques cas ouvrir vers des orientations professionnelles ou sociales différentes.

Reconnaissance de l'égogramme

Notre égogramme exprime l'image que nous avons de nous-mêmes et que s'accorde à nous reconnaître ceux qui nous entourent. Pourtant cette double représentation n'est pas toujours superposable. Là où une personne pense agir beaucoup avec son Adulte, ses proches parleront de son Parent Critique. La perception que nous avons de nous-mêmes ne coïncide pas forcément avec celle que nous retournent ceux qui nous connaissent. Voici à titre d'exemple 4 égogrammes. Entraînez-vous à les reconnaître à partir de leurs descriptions. Le Petit Professeur ici indiqué est souvent volontairement omis.

LES ETATS DE PERSONNALITE   61

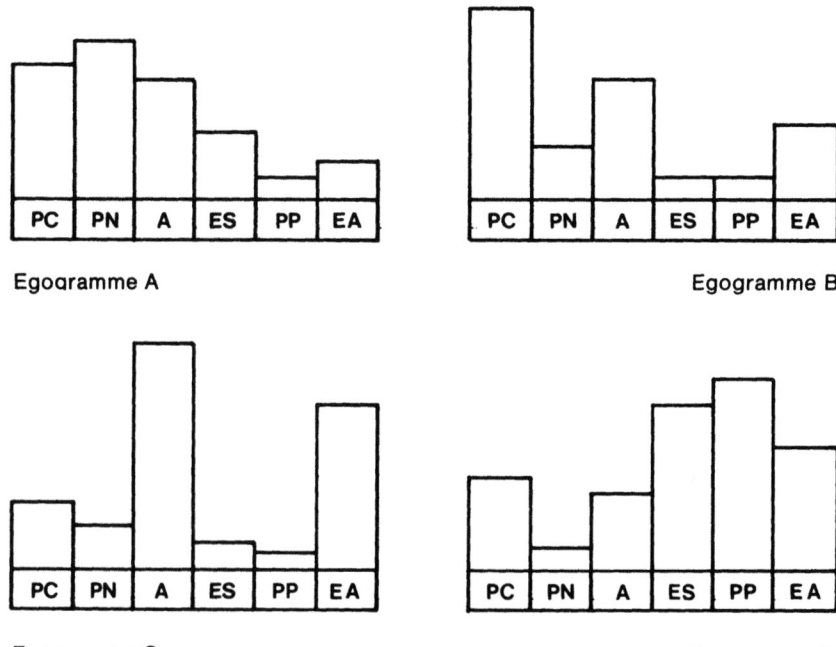

Egogramme A

Egogramme B

Egogramme C

Egogramme D

a) Jeanne, la bibliothécaire, est très cultivée — une spécialiste en théories des soins infirmiers. Elle est extrêmement bien élevée et possède de grandes connaissances livresques sur le monde médical, elle a une expérience pratique moyenne.

b) Pierre est Directeur de l'hôpital. Il jouit d'une position d'autorité. Mais il passe tellement de temps dans ses dossiers et à reprendre ses employés qu'il ne trouve plus le temps de se détendre ni d'exploiter ses facultés intuitives.

c) Anne est infirmière. Elle accueille chaleureusement ses malades et leur vante avec enthousiasme la qualité des soins et l'ambiance du service. Elle utilise son Petit Professeur pour trouver les mots exacts et s'entendre avec les malades inquiets.

d) Brigitte, infirmière en chef, n'accepte aucune réflexion de ses collaboratrices. Elle veut que les choses soient faites comme elle l'entend. Elle a choisi le métier d'infirmière pour se dévouer aux autres.

Réponses de l'exercice : Jeanne C — Pierre B — Anne D — Brigitte A.

La combinaison des égogrammes

Dans les situations professionnelles ou amicales, familiales ou de loisir, chacun ressent qu'il s'entend bien avec l'un et moins bien avec l'autre. Dans toute rencontre importante, lors d'une relation stable entre deux personnes certains états du Moi sont largement représentés. Il est aisé de décrire l'échange dominant selon l'activation des états du Moi. Les exemples cités n'ont qu'une valeur illustrative.

- Les Parents Critiques ↔ Parents Critiques sont dominants. Ces deux personnes, par exemple une surveillante et un patron, auront en commun un sens élevé des valeurs et des responsabilités. Ils édicteront des règles nombreuses, se réconforteront de la justesse de leurs avis, imposeront leurs points de vue et passeront beaucoup de temps à discuter sur les autres services ou pratiques.

- Les Parents Nourriciers ↔ Parents Nourriciers sont dominants. Par exemple, l'assistante sociale et la surveillante en médecine générale. Ces deux personnes soucieuses d'autrui se rencontreront souvent pour faire le point des situations extra-hospitalières des clients. Elles parleront avec beaucoup de chaleur et de compassion. Elles chercheront à aider, chacune avec ses moyens, les personnes en difficulté. Intéressées et préoccupées par autrui, elles se conseilleront et s'épauleront mutuellement.

- Les Adultes ↔ Adultes sont dominants. Par exemple, le Directeur de l'hôpital et l'économe. Leurs échanges sont en termes d'analyse et d'étude des dossiers. Ils discutent longuement des changements positifs à apporter au fonctionnement de l'hôpital. Ils évaluent leurs ressources et fondent des projets, calculent et comparent. Ceux qui les connaissent louent leur compétence et leur sens des réalités, mais trouvent parfois qu'ils manquent un peu de fantaisie.

- Les Enfants Adaptés ↔ Enfants Adaptés sont dominants. Ces deux personnes alternent les instants de soumission et de rébellion. Dans les bons moments, elles s'acceptent et s'adaptent bien l'une à l'autre, parfois, elles refusent de se soumettre et affichent leurs contres. Elles éprouvent des sentiments complexes : doute ou culpabilité, sans toujours en comprendre les raisons. Elles refreinent leur spontanéité dans l'échange mais sont très attentives à ce que chacune ressent dans la relation. Elles sont parfois conventionnelles dans leur conversation et respectueuse de leur réputation et de l'opinion d'autrui.

- Les Enfants Spontanés ↔ Enfants Spontanés sont dominants. On ne sait jamais ce qui se passera à l'avance. Leur rencontre est faite d'imprévu et de spontanéité. Les personnes s'amusent beaucoup ensemble. Elles prennent plaisir à organiser les fêtes et les anniversaires du service. Elles mettent de l'entrain, font des farces et des petits cadeaux. Elles contribuent au climat détendu qui règne entre les personnes. Elles expriment leurs sentiments.

Certaines combinaisons sont-elles préférables à d'autres ? La réponse dépend de la situation : affirmer des règles, aider, travailler, jouer ou respecter les normes. Notons que dans une relation amoureuse, la vitalité affective du couple dépend de la combinaison de deux parmi les trois états suivants : le Parent Nourricier, l'Adulte et l'Enfant Spontané. Et lorsque les Parents Nourriciers et les Enfants Spontanés sont dominants, une assurance de confiance et de plaisir partagé est présente dans l'échange.

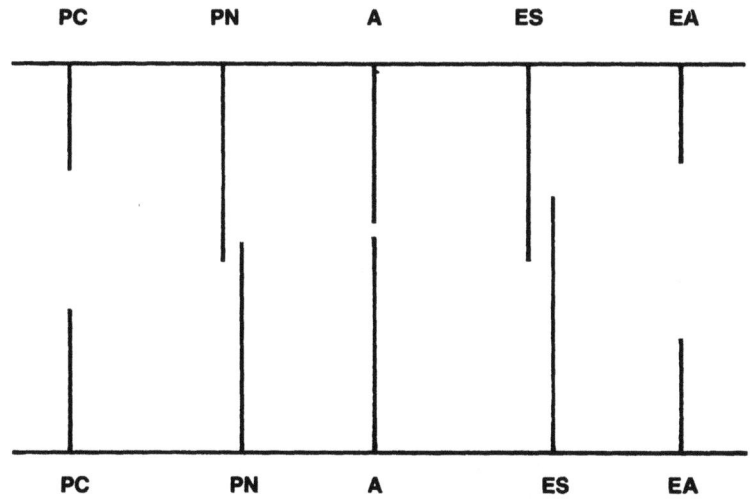

Dans les relations de travail, une combinaison où l'Adulte est présent est préférable. Mais de là, plusieurs schémas sont encore possibles :

- Adulte + Parent Critique : sérieux et rigueur, travail bien fait et perfectionnisme.
- Adulte + Parent Nourricier : traitement des réalités avec bienveillance et chaleur réciproque.
- Adulte + Enfant Spontané : une combinaison de la compétence et de la joie de vivre.

- Adulte + Enfant Adapté : réussite, compromis, accomplissement social... parfois de l'ennui.

Egogramme personnel et égogramme de l'organisation

Toute organisation — hôpital, école, entreprise, ... — a pour fonction d'atteindre un objectif spécifique — exemple : la santé, l'éducation ou la création de biens économiques — lié à une demande de la société globale. Pour cela, chaque organisation recherche les personnes qui sont les plus compétentes. L'organisation offre des statuts, édicte des règles, définit des comportements normatifs. Les personnes qui seront le plus en conformité avec ceux-ci s'adapteront et réussiront socialement, les autres seront tenues à la périphérie. Toute règle appelle le conformisme et la déviance. Les minoritaires, les marginaux, les exclus seront ceux qui, quelle que soit la richesse de leur personnalité, ne seront pas en accord avec les idées ou les conduites souhaitées par l'organisation. Ainsi, les centres répressifs traditionnels — prison, hôpital psychiatrique classique — recherchent à l'évidence du personnel plutôt Parent Critique que Parent Nourricier. A l'inverse, une institution charitable ou l'assistance sociale offrent des postes avec un Parent Nourricier développé. Toutes les organisations favorisent l'Adulte et son analyse des données. L'armée attend de ses membres une obéissance sans appel donc un comportement d'Enfant Adapté. Enfin les clubs de vacances ou les emplois d'animateurs de rencontres, de jeux, laissent à l'Enfant Spontané de leur personnel des possibilités expressives.

L'hôpital a-t-il un égogramme spécifique ? Dans l'état actuel de nos recherches la réponse est difficile. Les différences entre les diverses institutions de soins seront telles qu'il paraît probable de considérer que les écarts entre établissements sont très marqués.

En fait, l'égogramme de l'organisation n'est que l'ensemble combiné des égogrammes personnels. En pratique, ce schéma n'est pas aisé à réaliser. Il nécessite de connaître chacun. Pourtant, il peut paraître essentiel de l'établir. Prenons un exemple à partir de deux personnes. Soit :

	PC	PN	A	EA	ES
Egogramme du patron	25	10	35	25	5 = 100
Egogramme de la surveillante	15	20	25	30	10 = 100
Total	40	30	60	55	15 = 200

La représentation graphique de combinaison peut être celle-ci.

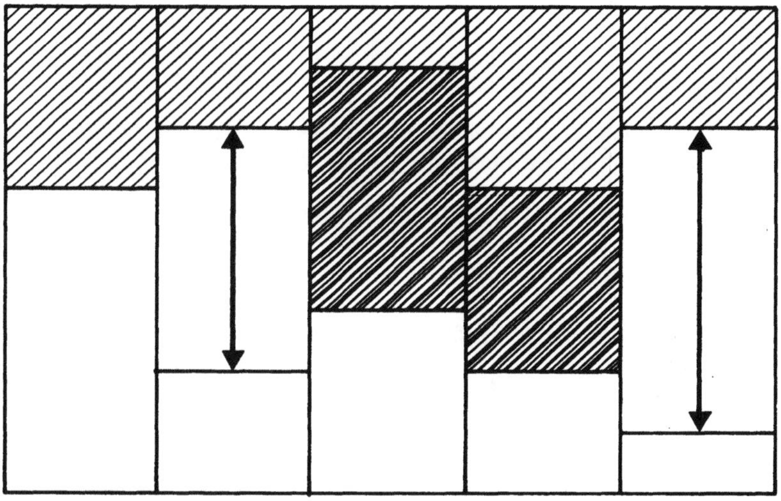

LA SURVEILLANTE

PC　　PN　　A　　EA　　ES

LE PATRON

La représentation graphique de combinaison peut être celle-ci.

Ce tableau montre que :
- les Parents Critiques sont complémentaires. Les barres se touchent ;
- l'Adulte et l'Enfant Adapté sont trop bien pourvus, les zones se chevauchent ;
- le Parent Nourricier et l'Enfant Spontané sont insuffisants dans leur addition.

Que peut-on en conclure ? Que probablement dans ce service, le personnel est soumis à des règles précises sinon rigides, qu'il lui est demandé d'être compétent, dévoué et soumis. En retour, le personnel a peu à attendre en aide, soutien et intervention bienveillante de sa hiérarchie. Le Parent Nourricier cumulé est insuffisant. Enfin, se détendre et rire ne font pas partie du climat du service qui est probablement reconnu comme « pas marrant ». L'égogramme du service met en lumière deux phénomènes relationnels intéressants :
- les personnes ayant des égogrammes semblables sont plus à l'aise dans une même structure — celle qui leur ressemble ;

- la complémentarité, lorsqu'elle existe, atténue les disparités et joue un rôle compensateur des insuffisances personnelles. Elle est à rechercher dans la mesure où tous les états du Moi fonctionnent en alternance.

Les personnes en opposition

Selon les caractéristiques des trois états du Moi, les personnes opposées peuvent l'être à partir du Parent, de l'Adulte ou de l'Enfant.
- Les oppositions entre Parents sont issues de l'antagonisme des valeurs.
- Les oppositions entre Adultes sont issues de l'absence d'intérêt commun.
- Les oppositions entre Enfants sont issues d'antipathies et de déceptions mutuelles.

Certes une seule de ces oppositions suffit à détruire toute identité à long terme entre les normes, les idées et les sentiments. Mais cela n'exclut pas les ententes provisoires, voire les rapprochements. Ainsi, deux personnes qui ne s'assemblent pas assez pour jouer et se distraire, se piquer ou se gratifier — opposition des Enfants — peuvent réaliser une tâche commune. L'ambiance n'y sera pas, mais l'œuvre sera menée à bien.

A l'inverse deux autres personnes dissemblables par leurs compétences et leurs intérêts pourront s'adonner à des jeux psychologiques ou vivre une relation d'intimité. Elles ne construiront rien ensemble mais leurs communications seront riches en sentiments, fortes en investissements émotionnels.

Enfin deux personnes gardiennes des mêmes valeurs peuvent militer dans le même camp sans pour autant partager une même vision adulte des choses ou s'entendre affectivement. Les situations humaines sont assez riches pour tolérer toutes ses conduites.

Les relations entre les états du Moi

Les états du Moi entretiennent entre eux 4 types majeurs de relations :

- Intégration selon les moments — travail, loisir, éducation... Chaque état du Moi prend le pouvoir avec l'accord des autres états de personnalité. L'Adulte traite les données, l'Enfant Spontané s'amuse et le Parent Nourricier forme.

- Dissociation. Chaque état du Moi s'exprime par un terminal privilégié. Ainsi un Enfant pique une crise de colère avec un Parent absent et un Adulte ignorant. On retrouve cela dans l'expression « la main droite ignore ce que fait la main gauche ».

- Contamination, cf. ci-après. Il s'agit de celle de l'Adulte qui est en cela soumis aux normes du Parent — les préjugés — souvent liés aux illusions de l'Enfant. La vision du réel est alors doublement déformée. La contamination exprime la fâcheuse tendance que le Parent et l'Enfant ont de répondre en lieu et place de l'Adulte et de lui faire endosser la réponse.

- Exclusion. Un état du Moi investit fortement tous les terminaux et réduit les autres au silence. Notons qu'un Adulte totalement exclus est caractéristique d'une personnalité psychotique.

E. Les contaminations et les exclusions

L'Adulte, troisième et ultime structure de la personnalité, émergeant après l'Enfant et le Parent n'acquiert que peu à peu son autonomie. Parfois, l'Adulte n'arrive pas à se libérer complètement de l'emprise de ces deux structures primaires, on dit alors que l'Adulte est contaminé.

Un Adulte contaminé par le Parent tient pour vrai une information qui est en fait une opinion ancienne et non vérifiée issue du Parent. Cette contamination s'appelle un préjugé, elle se représente comme une éclipse partielle de l'Adulte.

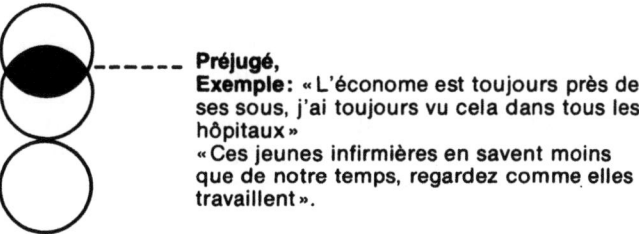

Préjugé,
Exemple : « L'économe est toujours près de ses sous, j'ai toujours vu cela dans tous les hôpitaux »
« Ces jeunes infirmières en savent moins que de notre temps, regardez comme elles travaillent ».

Dans ce genre de situation, l'Adulte est mis au service du Parent, il sélectionne les faits et recherche les informations qu réconfortent les a priori et les thèses du Parent.

L'analyse des données devient partielle. La rationalité de l'Adulte trébuche sur les principes dogmatiques du Parent qui masquent la réalité. Lorsqu'une personne met en doute la validité des affirmations d'une personne dont l'Adulte est contaminé, celle-ci réagit avec étonnement, violence, ou refuse le dialogue. En fait, elle préfère les réponses stéréotypées et craint, sans en être toujours consciente, que l'ensemble de ses enregistrements parentaux ne s'effondre.

Un Adulte contaminé par l'Enfant utilise les perceptions de celui-ci comme des informations légitimées. Il prend ses désirs pour des réalités. Cette contamination est une illusion, elle se représente aussi comme une éclipse partielle de l'Adulte.

Illusion,
Exemple : « La monitrice : « Si je n'étais pas dans ce groupe, je ne sais qui pourrait faire ce cours d'urologie »
L'aide-soignante : « Dans ce service, toutes les infirmières sont contre moi »

Par ce système l'Adulte masque surtout les peurs et les angoisses primitives de l'enfance. Lors de ces situations mal maîtrisées, le petit de l'homme à la fois fragile et rêveur, craint et s'illusionne...

Plus tard, l'Adulte préfère éviter à l'Enfant le rappel de ces situations difficiles voire traumatisantes. Exemple, le malade inquiet à l'infirmière : « Deux fois que je sonne, un hôpital qui laisse ainsi ses malades à l'abandon est un bien piètre lieu de soins ! »

Préjugés et illusions coexistent souvent et parfois se renforcent mutuellement. Leur importance réduit d'autant le travail de l'Adulte. Aussi, l'interne — mal à l'aise avec les femmes — affirme en parlant de la surveillante ou des infirmières : « Les femmes n'aiment pas prendre des responsabilités ».

Dans la contamination, le Parent et l'Enfant se déguisent en Adulte et s'expriment en un langage faussement rationnel et objectif. La contamination s'analyse comme une distorsion des perceptions, un obscurcissement du jugement Adulte, une perte partielle du sens des réalités. Tous les domaines sont susceptibles d'être soumis à contamination : le travail à l'hôpital, les relations d'autorité, la nourriture, la qualité des soins, les répartitions d'effectifs ou les bases de rémunération. La variété des préjugés et des illusions est telle que l'Adulte sans cesse a à lutter contre les opinions et les fantasmes. Cela nécessite une attitude de questionnement, une écoute et une ouverture... qui sont déjà les caractéristiques d'une absence de contamination.

Si dans les contaminations, une collaboration affaiblie s'établit entre les 3 états de personnalité, il arrive qu'un ou deux états abandonnent pour laisser une place exclusive à l'état restant. L'on peut dénombrer 6 formes possibles d'exclusions, ce qui donne 6 profils de personnalité.

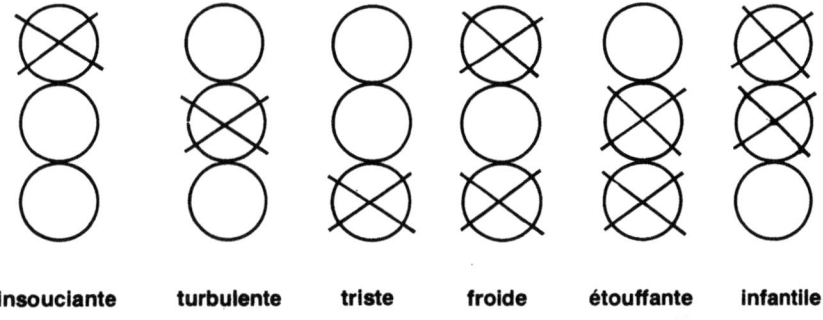

insouciante   **turbulente**   **triste**   **froide**   **étouffante**   **infantile**

Selon les cas, l'Enfant, l'Adulte ou le Parent prend plus souvent qu'à son tour, le timonier de la personnalité, fait taire ou ignore les autres instances. Les perturbations internes, les aménagements défectueux handicapent plus ou moins gravement la personne qui est incapable de faire face à la situation. L'équilibre entre devoir, savoir et envie est rompu. Analysons ces types de personnalité :

L'insouciant a exclu le Parent, il agit sans référence à des principes ou des normes. Il évite les responsabilités, refuse les engagements et se sent inapte à se prendre en charge ou encore à aider autrui. L'Adulte est mis au service des envies immédiates, des motivations successives et des satisfactions rapides. C'est l'infirmière de nuit qui dira : « Il est inutile de retourner voir ce malade, je crois qu'il dort maintenant ».

Le turbulent ne tient pas compte de son entourage, il agit sous le coup de ses demandes de l'instant avec l'accord de son Parent. Il lui arrive d'être joyeux, soumis ou rebelle, mais sa tyrannie émotionnelle peut l'entraîner à terme vers une psychose maniaco-dépressive. Le malade turbulent est celui qui dit, après avoir sonné sans raison acceptable, 3 fois de suite dans l'heure : « Ces infirmières sont là pour moi, non ? »

La personnalité triste empêche toute expression de son Enfant, elle se prive de plaisir, refoule sa spontanéité, doute de son intuition. Elle traîne un spleen permanent, n'éprouve aucune joie en ce qu'elle fait. Elle n'est pas chaleureuse dans ses rapports humains et renonce aux satisfactions souhaitées par son Enfant libre. C'est la surveillante qui répète : « Dans ce service, je refais toujours les mêmes choses, mes efforts ne sont pas reconnus et cela ne m'apporte rien ». Dans les trois cas précédents, un seul état de personnalité est exclu. Chacun peut avoir tendance à reconnaître dans les portraits cités une relation à soi. Les profils suivants sont plus massivement négatifs, ils décrivent une personnalité atrophiée, réduite, difficile dans ses contacts.

Etre froid, c'est utiliser exclusivement son Adulte. Il s'agit souvent d'une personne qui ne pouvant faire face au conflit entre son Enfant et son Parent finit dans une neutralité apparente, ignore ses sentiments et ceux d'autrui, appelle rationnel son dessèchement affectif et son refus de soutien. L'exactitude de son travail ne compense pas son absence de chaleur et d'empathie. C'est le médecin qui au lieu de dire « ne vous en faites pas... » énonce « j'ai réussi une opération sur deux de ce type ».

Le Parent perpétuel traite les autres comme des enfants, joue au moralisateur ou au sermonneur, s'entoure de personnes dépendantes. Cette personnalité, étouffante, toujours dominatrice, accablante quand on lui tient tête, exprime ses rigidités et ses vertus dans le travail, la réussite sociale.

C'est l'infirmière-chef qui dit « je suis disponible 24 h sur 24 » ou le thérapeute qui après 7 ans de thérapie affirme à son client « je pourrai toujours vous aider ».

La personnalité infantile épouse son présent et les demandes exigentes de ses désirs, elle ne fait pas appel au sans des responsabilités et à l'analyse du réel. Elle est souvent futile, capricieuse, primaire dans ses réactions, accaparatrice de l'attention d'autrui. Se voulant éternellement jeune, la personnalité infantile vieillit mal, refuse de reconnaître ses propres évolutions. C'est la cliente fidèle des chirurgiens esthétiques.

Nous venons d'analyser les 6 profils usuels et tyranniques d'exclusion. Il existe cependant une situation plus normative, celle d'une personne équilibrée qui accorde à un état du moi le droit d'investir plus fortement la personnalité à certains moments.

Par exemple, l'Adulte prend le pouvoir pendant le temps du travail, le Parent lors d'une action de formation ou de soutien, l'Enfant en vacances ou lors des moments de détente. Dans ce cas, la personnalité est bien intégrée, les exclusions d'un état ne sont pas définitives, elles sont adaptées aux situations. Un Adulte décontaminé, pense par lui-même, se fait confiance, prend ses propres décisions et exprime ses sentiments.

3. Les relations avec autrui

La société humaine est originellement une société de communication. Aussi loin que la préhistoire découvre l'homme, celui-ci a vécu en groupe.

La communication est consubstantielle à l'espèce. Elle est la chance de l'affirmation de soi, de la découverte de l'autre, de la confrontation de la réalité. La communication est validation d'une triple expérience: autrui dans sa différence, nous-mêmes dans notre identité, le monde extérieur dans sa solidité.

La conception de Berne de la motivation suppose, au-delà des pulsions bio-physiologiques de conservation, l'existence de besoins de stimulation, d'organisation, d'excitation, d'attention et de dominance. Etre reconnu, échanger des caresses psychologiques — ou strokes — est fondamental. Ceci rejoint l'affirmation de Laing dans *Soi et les Autres,* 1972: «chacun contribue à l'accomplissement ou à la destruction de l'autre».

Après avoir analysé les besoins d'échanges, nous définirons les types de transactions. Une transaction est une unité de rapport social; tel un sourire, un geste, un mot ou une remarque. L'Analyse transactionnelle a parfaitement décrit les 4 types de relations: simples, croisées, doubles et angulaires. Ces transactions ont des effets variés, procurent des résultats attendus ou surprenants et occasionnent des satisfactions différenciées.

Deux personnes en communication peuvent soit garder leur autonomie, soit fusionner dans une relation d'équilibre instable, appelée symbiose. La relation symbiotique entraîne des déséquilibres plus ou moins compensés. Elle appuie sur des conduites de dépendances réelles ou imaginaires. De là, la personne se dévalorise ou survalorise autrui et ceci de plusieurs manières. Il en découle que l'Adulte, déchargé à tort de son rôle de résolution de problème, tombe dans la passivité sous l'une de ses 4 formes : l'attente, l'agitation, l'incapacité ou la violence, et enfin la suradaptation.

Ainsi, dans nos relations à autrui, selon nos capacités à nous admettre ou non comme une personne significative et reconnaissante d'autrui, nous usons de transactions complémentaires ou croisées. D'un côté l'autonomie, de l'autre la langueur d'une symbiose, à partir de laquelle les dévalorisations aboutissent à la passivité. La qualité de la communication dépend pour partie de notre définition préalable de nous-mêmes et d'autrui, de l'importance que nous nous attribuons réciproquement.

A. Les différents types de transactions

Une transaction est un message, intentionnel ou non qui est émis en direction d'un autre être vivant, être humain ou animal. Un sourire, un geste, une caresse, un mot, un regard ou un silence sont des exemples de transactions. Ce sont les formes apparentes et manifestes des liens sociaux. Cet aller simple de communication entraîne bien souvent un retour, il y a alors un échange. La transaction se définit comme l'unité de rapport social. Elle appelle dans une forte majorité de cas, une réponse. Toute transaction est émise à partir d'un état du Moi à destination d'un état du Moi de l'interlocuteur. Comprendre le fonctionnement des transactions, c'est savoir reconnaître :
- l'état de personnalité émetteur et l'état récepteur
- et les 4 types usuels d'échanges : complémentaire, croisé, double et angulaire.

Pour un observateur la signification de l'échange dépend de l'analyse du message, de son interprétation de la communication non verbale et aussi du contexte. En d'autres termes, ce n'est pas la matérialité des sons, mais l'intentionnalité qui va déterminer le sens exact de la transaction.

Dans un échange prolongé, la première réponse peut soit clôturer la communication, soit stimuler une nouvelle réponse. Dire que les transactions sont des interactions signifient qu'elles s'influencent les unes les autres.

Exemple : Transaction Adulte-Adulte :
1. « Avez-vous déjà travaillé dans un service de soins intensifs ? »
2. « Oui, à Marseille dans le service du professeur... »
3. « Bien, et cela vous plaît-il ? »

L'échange peut se poursuivre.

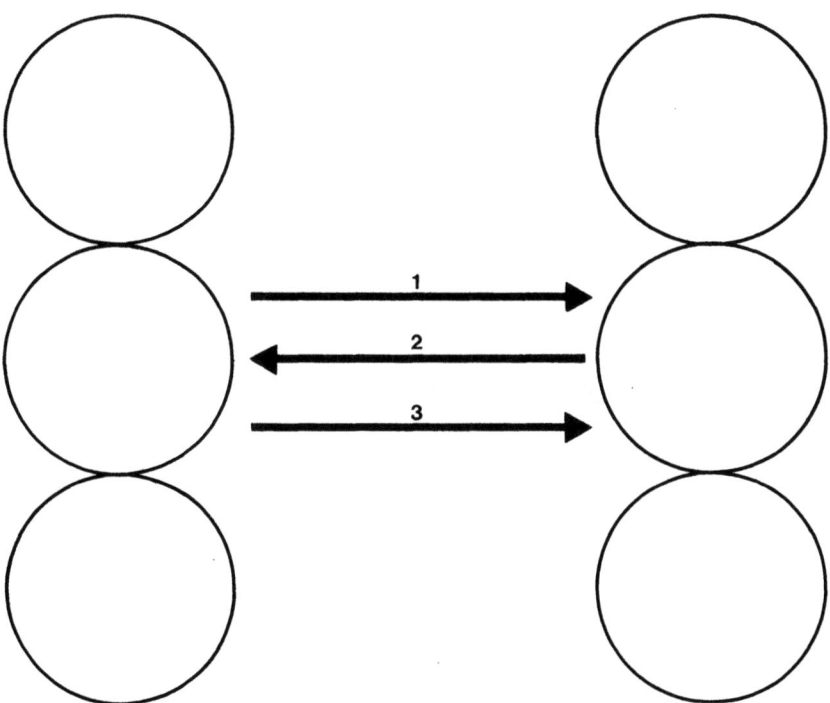

Après cet échange d'information, d'autres transactions issues de l'Enfant et du Parent peuvent apparaître. Exemple :
- Enfant à Enfant : « Et si nous allions prendre un petit café maintenant ? »
- Enfant à Enfant : « Chic, je n'osais pas vous le demander. »

- Parent à Parent : « Ici, dans ce service, pour le respect des règles, c'est très strict. »
- Parent à Parent : « Je suis aussi pour une certaine rigueur. »

Analysons plus en détail les différents types de transactions.

Les transactions complémentaires

Lors de cette transaction l'état du Moi récepteur répond à l'état du Moi émetteur. Sur le diagramme, les deux droites sont parallèles. Exemple :

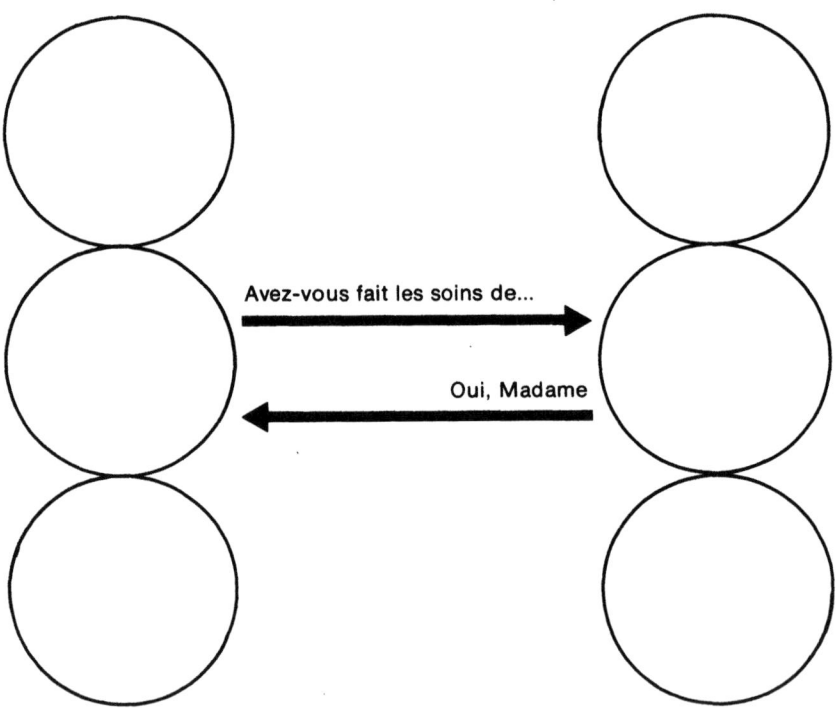

Notons ce fait fondamental : c'est le récepteur qui maîtrise l'échange par sa réponse. S'il ne comprend pas, ne souhaite pas poursuivre la communication ou plus gravement ne sait pas faire autrement, l'état du Moi sollicité reste silencieux et un autre état de personnalité répond à la place du premier. Nous avons alors les autres formes de transactions. Prenons quelques exemples de transactions complémentaires :

P-P : - Les malades sont devenus bien exigeants.
- Oui, ils n'ont plus aucun respect pour notre travail.
- Ce médecin est trop autoritaire.
- Oui, c'est la cause de nos déboires dans le service.
- Ce malade est bien seul, jamais de visite.
- Occupons-nous de lui, cela va le distraire (Parent Nourricier compatissant).
- Cette élève infirmière ne sait même pas faire un pansement.
- Maintenant on leur apprend la psychologie, que voulez-vous.

P-E : - Je suis inquiète pour les remboursements de la sécurité sociale (Enfant à Parent).
- Allez vous renseigner et partez un peu plus tôt (Parent à Enfant).
- Pouvez-vous m'aider? (Enfant à Parent).
- Oui, j'arrive rassurez-vous (Parent à Enfant).

A-A : - Avez-vous fait le relevé des examens?
- Oui, Docteur.
- Madame, quand suis-je de garde?
- Demain, Annie.

E-E : - Tu es chouette.
- Toi aussi, c'est sympa de travailler avec toi.
- Je suis fatigué.
- Et moi donc!

Ainsi les messages verbaux et non verbaux s'accordent et se complètent. Le stimulus est net et la réponse franche.

Les transactions croisées

Dans ce cas, un état de personnalité non sollicité répond à la place d'un autre lors d'un échange. Exemple :

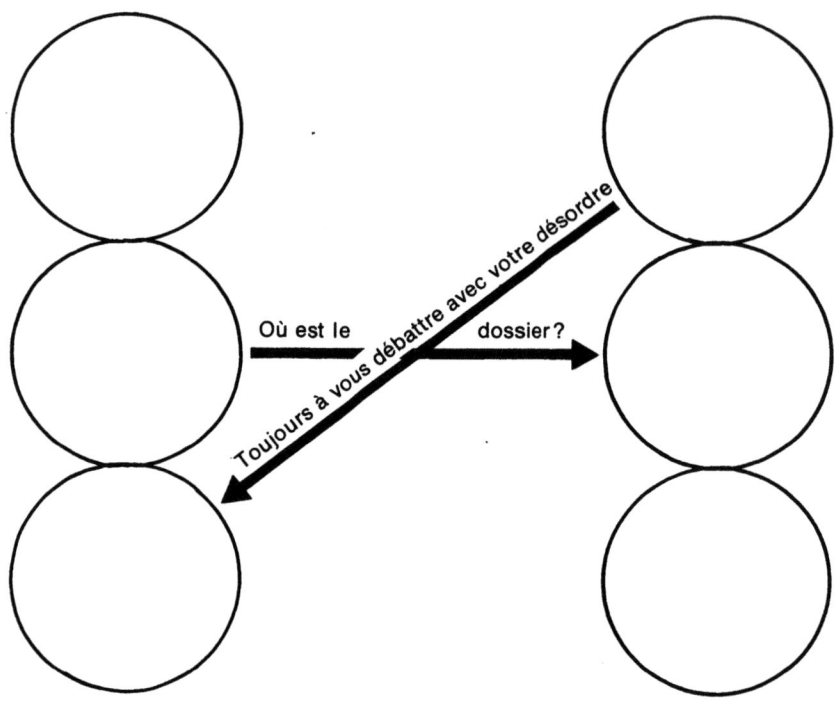

Dans une telle situation, la relation humaine est en danger. Le conflit entre les personnes n'est plus très loin. Les interlocuteurs se préparent à rompre, à vivre un malentendu et plus généralement à se sentir incompris. Quelque chose dans la relation est en train de mal tourner. Le trouble qui s'en ressent révèle l'incompréhension et le doute. La transaction croisée est une disqualification relationnelle.

Citons quelques exemples de transactions croisées :
- P-E : Mon petit, commencez par ce soin.
- A-A : Je m'appelle Denise.
ou E-A-R : Selon l'intonation d'accompagnement.
- A-A : Dois-je terminer ce soin d'abord ?
- P-E : Je n'ai jamais vu une infirmière aussi lente que vous.
- E-E : Et si on se prenait un petit café ?
- P-E : Tu ne penses qu'à la pause et à se détendre.

- E-P : J'ai envie de balancer ce malade grincheux par la fenêtre.
- A-A : Vous avez l'air fâché, qu'est-ce qui arrive ?
- La cliente A-A : j'aimerais travailler dans ce service.
- L'infirmière P-E : Vous pouvez à peine faire face à vos problèmes.
- L'infirmière au malade A-A : Vous pouvez ranger votre coin maintenant.
- Réponse E-P : Vous n'avez pas d'ordre à me donner.
- Le médecin A-A : Qu'est-ce qui vous contrarie le plus dans la vie ?
- Le malade A-P : Mon sale travail et ce contremaître si mesquin.
- Un malade A-A : Nous avons pensé ouvrir la fenêtre, il fait si beau.
- L'infirmière P-E : Qui a fait cela ?
- A-A : Qu'avez-vous fait à ce malade ?
- E-A-R à P : Je n'ai rien à vous en dire qui vous intéresse
ou
- E-A-S à P : Selon vos directives, cela vous convient ?
- A-A : Ce rapport sera-t-il prêt pour la réunion de demain ?
- P-E : Vous avez de la chance que je sois toujours disponible à m'occuper de tout.
- Le malade convalescent E-S à P-N : J'aimerais bien un peu de café.
- L'infirmière P-C à E-A : Définitivement non, je vous l'ai déjà dit.
- A-A : Quel est votre avis sur ce produit dans son cas ?
- P-P : Il faut regarder les résultats d'examens et faire les bilans en priorité.

Parfois un croisement par l'Adulte peut être bénéfique et avoir pour effet de faire prendre conscience. Exemple :
- E-P : J'en ai assez de ces sondes !
- A-A : Je vous trouve peu en forme ce matin. Quelque chose qui ne va pas ?

Les transactions doubles

Cette transaction transmet à la fois 2 types de messages, l'un sur la tâche, l'autre sur la relation. Généralement, le niveau social constitue la transaction apparente et le niveau psychologique la transaction cachée. Exemple : 1

La transaction double met en présence plusieurs états du Moi. Elle peut être cachée sans malentendu ou préparer toutes les manipulations de la relation. Exemple :

- Transaction cachée sans malentendu

Dans ce cas répondre au 2e message, le plus authentique : exemple 2.

- Transaction cachée avec malentendu ou piège possible.

Il est préférable dans ce cas de faire comme si le 2e message n'était pas décodé et compris et répondre au sens 1er. Exemples 3 et 4.

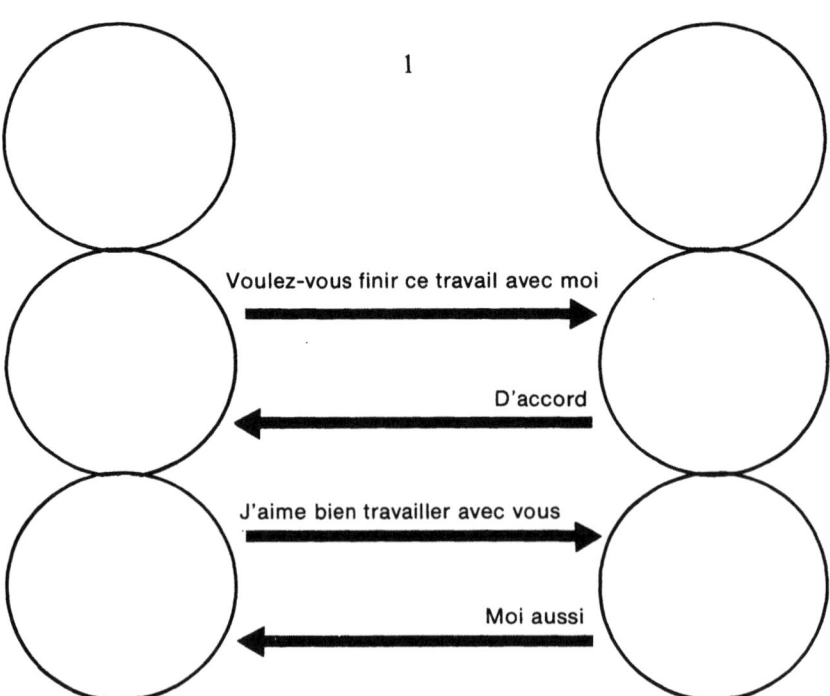

1

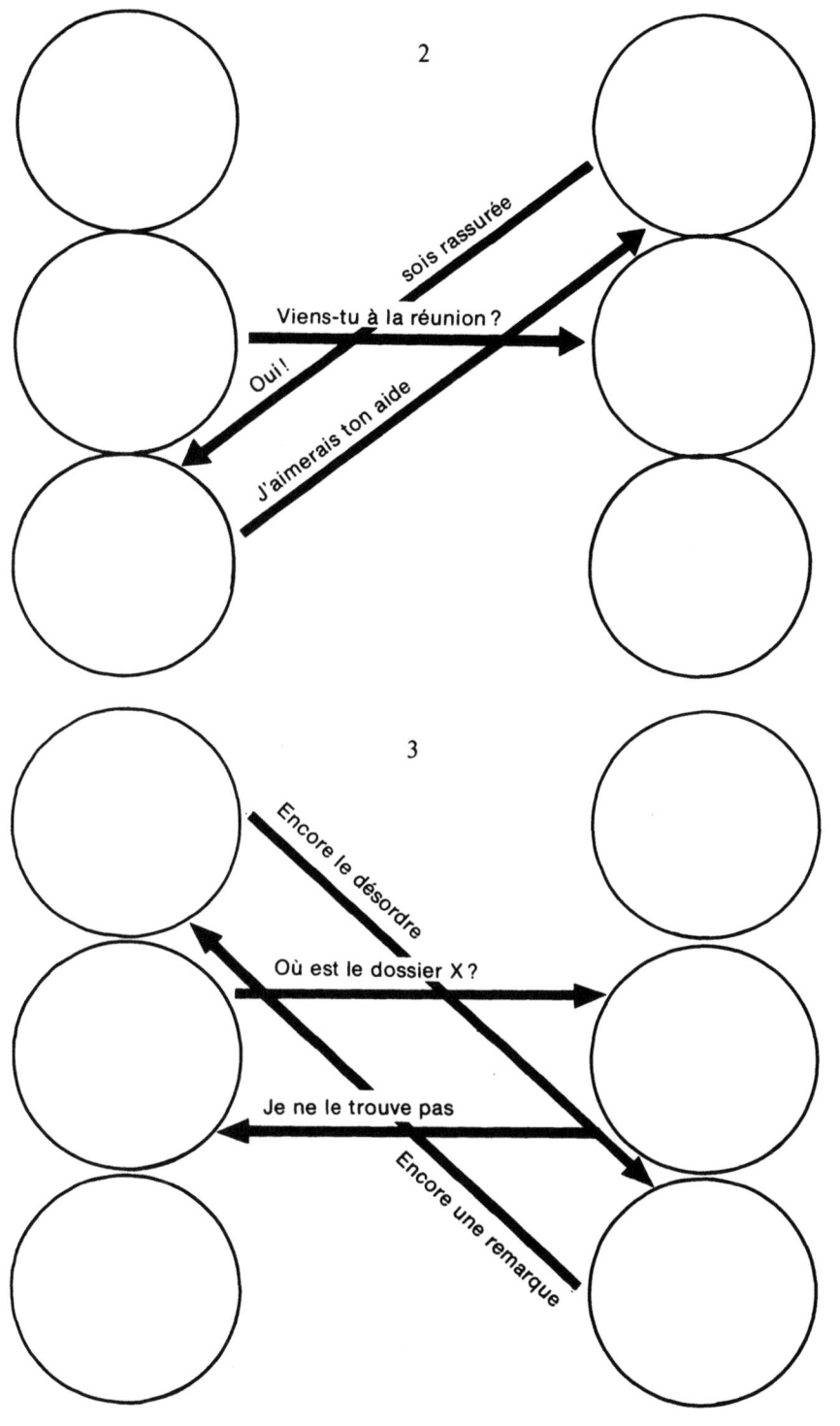

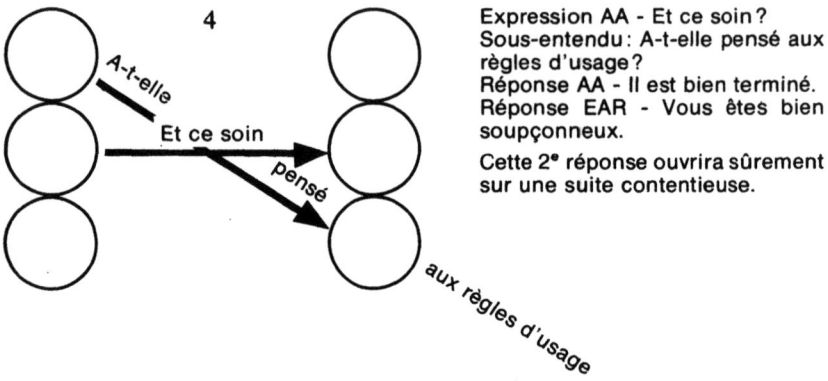

- A-A Surveillante : Vous avez pensé au réapprovisionnement de notre stock de médicaments ?
- P-E : Vous délaissez ce travail.
- A-A : Oui, au moment voulu (réponse au 1er degré, apaisante, dans le 2e cas) :
- P-E : Vous pensez être la seule à vous occuper convenablement du service (réponse à l'intention, contentieux possible) ?

Les transactions croisées sont par leur permanence, un mode pathologique d'interaction. Elles engloutissent la relation dans un jeu sans fin de contres et de disqualificatifs du point de vue de l'autre.

Transactions angulaires

Dans ce type de transactions, l'émetteur adresse un double message. Souvent l'un pour l'Adulte et l'autre soit pour l'Enfant, soit pour le Parent. Exemple :

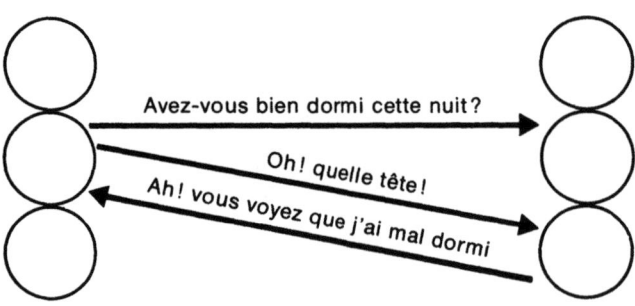

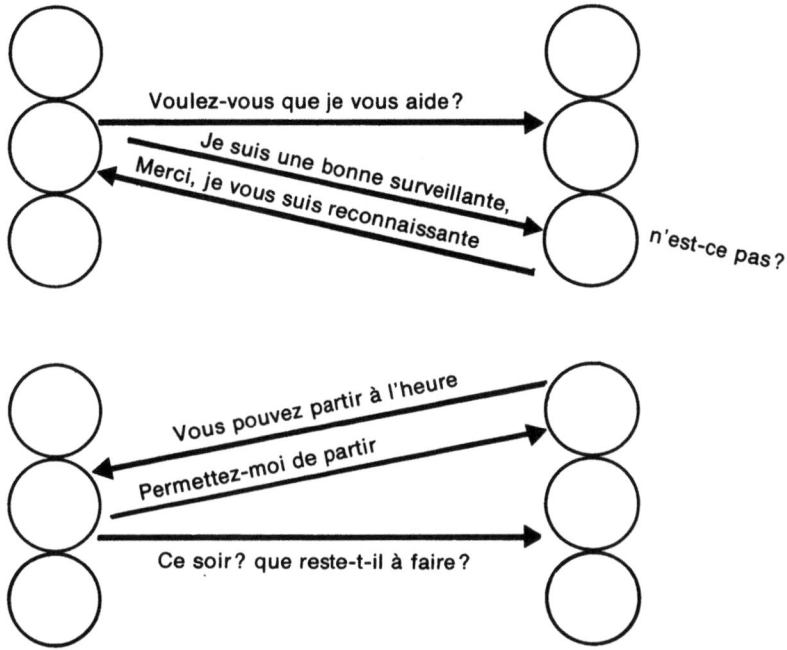

Dans cette transaction, l'émetteur attend plus une réponse au sens second. Exemple: le malade convalescent A-A: «Et le repas?» Sous-entendre Adulte à Parent Nourricier «Suis-je autorisé à manger normalement maintenant?» Réponse Parent Nourricier à Adulte: «Rassurez-vous, tout va redevenir normal.»

Autre exemple: la surveillante A-A: «Aujourd'hui le patron passe dans le service à 9 h 30.» Adulte à Enfant Adapté: «Dépêchez-vous». L'aide soignante Enfant Adapté à Adulte: «J'ai bientôt terminé, madame.»

Savoir maintenir ouverte une relation est l'un des apprentissages pratiques les plus utiles que l'AT puisse offrir. Pour cela, il importe à la fois d'être conscient des différences entre les états du moi, de nous-même et de notre interlocuteur, et à un moment donné de comprendre le mécanisme des transactions. Illustrons par l'exemple les possibilités de maintien de l'échange:

- Vous dans votre Adulte : Anne, pouvez-vous m'accompagner à la chambre 18, ce soin sur les escarres nécessite une deuxième présence.
- Votre interlocutrice Enfant à Parent : Pourquoi moi, n'importe qui peut le faire, je ne peux pas tout faire.
- Votre réponse Parent à Enfant puis Adulte Adulte : Je sais à certains moments vous êtes débordés comme nous toutes, mais je vous serais reconnaissante de venir maintenant avec moi.

Dans cette situation l'Enfant de votre interlocutrice a été reconnu et non ignoré et la demande Adulte Adulte a aussi été maintenue.

- Vous Adulte à Adulte : Avez-vous consulté le dossier du malade ?
- Votre interlocutrice, silence de l'Enfant boudeur.
- Vous Adulte à Enfant : Eliane, je me trompe ou quelque chose ne va pas ?

L'Enfant sollicité se sentant reconnu peut alors s'exprimer et de là, l'échange pourra s'établir.

Ces deux exemples montrent que pour maintenir ouverte une communication, il est essentiel de gratifier d'abord l'état du moi qui s'exprime. Notre interlocutrice a une transaction Adulte Adulte, dans les deux cas.

En conclusion, il est préférable de pratiquer des transactions complémentaires, lorsque nous souhaitons poursuivre l'échange.

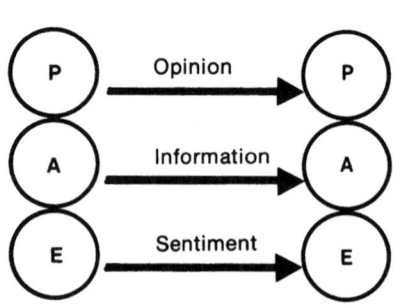

Elle exprime

- Opinion
- Information
- Sentiment

votre réponse

1. Accepter partiellement, reconnaître, être d'accord avec le principe

2. Echanger à égalité, réponse facile

3. Gratifier, montrer de la sympathie, attendre un peu puis indiquer le besoin de traiter la question

B. Les signes de reconnaissance

Le besoin de stimulation est un aspect du besoin fondamental de communication. Il peut être satisfait par le contact avec la nature ou les objets, et avec les personnes. Un paysage, une musique, un livre, un ami sont sources d'activation énergétique et par là de plaisir. L'absence prolongée de stimulation occasionne des souffrances, des perturbations psychosomatiques, des maladies chroniques puis la mort. Les études sur l'hospitalisme, les prisonniers, les animaux contraints à l'isolement montrent à l'évidence les dégâts de l'appauvrissement des stimulations. L'absence d'une personne significative provoque chez l'enfant une situation de « deuil pathologique » (Bowlby) et de « dépression anaclitique » (Spitz). Nourrir, soigner, aider au développement de l'être, c'est lui donner à la fois ce dont il a psychologiquement besoin et en même temps des signes de reconnaissance. Plus ceux-ci sont nombreux, variés, répétés, plus la personne s'accomplira, poursuivra sa croissance. Recevoir et donner, demander et accepter de donner, soit échanger des signes de reconnaissance à volonté est la marque d'une personne bien portante. Dans l'enfance, nous avons reçu des signes variés de reconnaissance : de la nourriture et des friandises, des caresses et des mots gentils, des cadeaux et des jouets. Puis le petit de l'homme a vu la transformation progressive des caresses physiques en caresses psychologiques ou symboliques : un bon point, un « c'est bien » signe verbal de renforcement, ont peu à peu accrédité l'idée que le langage est un second système puissant et efficace de reconnaissance d'autrui. Prenons un exemple dans le domaine hospitalier :

L'infirmière :	Implications ressenties par le malade :
1. Bonjour.	J'existe.
2. Comment allez-vous ce matin ?	Je ressens.
3. Vous n'avez pas froid ?	J'ai des sensations.
4. ...oui, avez-vous d'autres choses à me dire ?	Je pense.

Chacune de ces 4 phrases a été dans cet exemple une marque d'attention. Une caresse se définit comme une unité pertinente de reconnaissance. Bonjour est le plus simple et le premier des signes d'attention à autrui. Certaines personnes hélas !, ne savent même pas donner ce stroke élémentaire, ce salaire minimum de la relation humaine. De là, la communication est déjà contentieuse. Rappelons-nous que deux personnes en présence ne peuvent pas ne pas communiquer. Le terme comportement n'a pas de contraire. Etre présent, c'est signifier volontairement ou inconsciemment, la personne est porteuse de sens. Elle dit sa gêne ou sa crainte, son plaisir d'être là ou son envie. L'échange entre les personnes par l'intermédiaire des indicateurs corporels et gestuels précède l'échange avec les mots. Un bébé se fait remarquablement comprendre avant de parler.

Nous pouvons donner et recevoir des signes de reconnaissance:

- Inconditionnels et conditionnels. Les premiers sont donnés à la personne pour ce qu'elle est, les seconds à la personne pour ce qu'elle fait dans une situation particulière. Exemple: 1er cas: «je vous aime bien»; 2e cas: «j'aime votre façon de parler à ce malade». Ces caresses sont données soit au Parent pour les valeurs qu'il affirme, soit à l'Adulte pour sa compétence, soit à l'Enfant Adapté pour son obéissance et sa conformité, soit à l'Enfant Spontané pour sa spontanéité émotionnelle.

- Positifs et négatifs. Les caresses positives sont des renforcements qui confirment l'adhésion de celui qui les donne au comportement, à l'attitude, à l'action d'autrui. Les caresses négatives ont les mêmes effets que les conditionnements d'évitement. Elles suscitent un désagrément, un retrait, un déplaisir dans l'échange. La qualité de la caresse dépend autant de son émetteur que du récepteur. Nous préférons recevoir des marques d'attention surtout de certaines personnes. Nous sommes aussi capables de refuser un signe positif de reconnaissance dans le cas où l'on ne s'autorise à éprouver ni joie ni plaisir. De la combinaison des types de reconnaissance, on déduit 4 catégories de caresses:

- Sans réserve. Ces caresses favorisent le développement de l'être, aident à la croissance personnelle, rendent la personne plus autonome. «Je vous trouve sympathique» ou plus fortement «c'est bien que tu existes» sont des caresses positives inconditionnelles. Elles confirment autrui dans son identité, elles acceptent sa présence, son rayonnement, ses pensées et ses sentiments.

- Avec conditions. Ces caresses ne sont attribuées que si la personne a le comportement attendu, exemple: «Vous avez pris tous vos médicaments, c'est bien!» Ces gratifications ne sont données qu'à la personne qui a le comportement ou la caractéristique qui nous convient. Elles sont des renforcements positifs dans le sens attendu. Elles ont un rôle de contrôle des actes d'autrui, d'influence vers une répétitivité. La personne reçoit pour ce qu'elle fait et non pour ce qu'elle est.

- Les reproches. Il s'agit des remarques, des désapprobations qui tentent à dissuader la personne de poursuivre dans la direction rejetée. «Je n'ai pas apprécié votre dernier travail, vos soins de ce matin, ...» Ces stimulations négatives sont souvent plus fréquentes que les positives. Il en découle que la personne vit en déficit dans ses acquis. Elle en déduira que l'échec, la non-satisfaction accompagne toujours nos actions.

- Les rejets. Ce sont les jugements sans appel, les condamnations d'autrui. Fuire une personne, ne pas l'accepter dans son identité est significatif d'une gratification négative inconditionnelle. La personne se sent isolée et inférioriée. Elle risque alors de confirmer le rejet, de s'autodétruire — drogue, maladie — ou d'agresser à son tour.

- Et pourtant, les stimulations négatives malgré leur destructivité sont encore préférables au silence et à l'indifférence. Là, l'absence de contact, l'isolement obligé crée une vacuité, une béance de l'être. Etre ignoré est moins vivable que se disputer ou recevoir des coups de pieds. Cela explique pour une part les fautes et les comportements d'échec, des enfants, des malades, du personnel ou de chacun d'entre nous pour attirer l'attention. Le déni d'autrui lui ôte une de ses plus fortes spécificités humaines : son besoin de communiquer.

Les strokes pour le bébé sont une source de vie, un rempart contre cette primitive agonie dont parle Winnicott. Ils aident à la personnalisation, à l'acquisition du sentiment d'existence. La caresse ouvre aux expériences corporelles, confirme la continuité d'autrui, la présence protectrice et intime. Elle est un trait d'union entre l'inquiète solitude et la réassurance extérieure. Elle est une expérience qui favorise la maturation. Un stroke au bon moment est l'équivalent d'une tétée qui apaise cette faim primitive : l'anxiété de n'être rien. Il est au point de jonction entre la demande et l'apaisement.

Pendant l'enfance, le petit de l'homme reçoit de multiples signes de reconnaissance positifs. Nous retiendrons pour l'analyse les 4 plus fréquents :

- Les caresses physiques et le temps. C'est par le contact physique que le petit de l'homme sait qu'il est reconnu, qu'il existe et que sa présence est acceptée. L'enfant, selon la manière dont il est porté, est renseigné sur les disparitions des adultes envers lui. Le temps qui lui est consacré est aussi l'un des plus beaux signes de reconnaissance qu'il puisse recevoir. Le toucher infirmier et la disponibilité envers le malade s'interprètent aussi comme des signes évidents de reconnaissance. Ils sont pour le malade une source de soulagement, d'aide et de soutien.

- Les mots. Peu à peu les caresses symboliques — mots gentils, paroles douces — remplacent les caresses physiques. L'enfant est stimulé par le verbe, il attend la félicitation, le mot d'accueil.

- La nourriture — chocolats, bonbons, biscuits... Les petites gâteries et les sucreries accompagnent souvent le geste et la parole. L'enfant apprend à reconnaître que les figures d'autorité sont contentes de lui quand on lui donne une certaine nourriture.

- Les jouets et les objets. Cette 4e forme de caresses est certes indispensable au développement psychomoteur de l'enfant. Celui-ci sait qu'il est gratifié et reconnu à travers les rituels des cadeaux pour son anniversaire, sa fête ou Noël. L'argent est l'équivalent d'un objet indifférencié. Plus tard l'enfant aime disposer de petites sommes qui lui donnent une liberté de choix.

Selon les âges de l'enfance, il importe de donner plus certains signes que d'autres. Les deux risques les plus graves sont d'une part la substitution des caresses préférées, du temps et des mots par des objets ou de l'argent, et l'offrande exclusive d'une catégorie, par exemple la nourriture. Les deux premières catégories de strokes sont les plus valorisantes et les plus vivifiantes. Elles favorisent plus l'intimité, les capacités personnelles à donner et à échanger par la suite des caresses positives. L'excès de gratification par la nourriture prépare les tendances à l'obésité, et par les objets ou l'argent prépare aux avidités sur l'avoir. Le malade, dans sa situation régressive, recherche avec plus ou moins d'intensité le temps des soignants, des caresses psychologiques et de la nourriture.

Notons qu'un stroke ne se confond en aucun cas avec une flatterie, celle-ci est de la fausse monnaie dans la relation, elle est comme un fruit acide pour celui qui le reçoit. L'être est en effet en droit de penser qu'il n'y a rien dans son comportement de suffisamment estimable pour que son interlocuteur s'oblige à inventer une phrase sans réalité. Si le malade attend comme chacun, des signes de reconnaissance, il appartient au personnel soignant d'exprimer avec chaleur ce qu'il ressent. Dans le cas inverse, une absence de congruence trahit par la voix et le geste l'inauthenticité de l'expression.

Une personne en difficulté avec elle-même et avec les autres vit un déficit de l'échange des caresses. Et cela se traduit par 4 insuffisances qui sont bien souvent cumulatives :

- Elle ne donne pas de caresses. Absence d'attention, d'écoute, silence sur le comportement et les performances, indifférence à autrui sont des exemples de conduites d'une personne qui ne donne pas de caresses et qui n'informe pas autrui de ce qu'elle pense ou ressent de lui.

- Elle n'accepte pas les caresses. Lorsqu'un vis-à-vis la gratifie pour ce qu'elle dit ou fait, elle rejette, atténue ou ignore la phrase. Cela donne: «Je n'y suis pour rien», «c'était facile à faire», «ce n'est pas à moi qu'il faut dire cela».

- Elle ne demande rien pour elle. La personne attend en silence, elle n'exprime jamais ce qu'elle souhaite et comme dans la majorité des cas, les autres ne devinent pas tout, elle se conforte dans sa pensée que personne ne peut l'aider ou satisfaire ses vœux. Elle se dit «les autres ne comprennent jamais ce que je veux» ou «je n'ai jamais ce que je souhaite au moment voulu». La personne qui ne demande rien craint le refus sans percevoir que sa non-demande équivaut à la permanence du refus.

- Elle refuse de donner à la demande. Lorsqu'une personne s'adresse à elle, lui demande un stroke, une attention, une gentillesse, elle se raidit, repousse.

La répétition de ces échanges déficients cause des dégâts dans la joie de vivre et le plaisir des rencontres. Les voies maladives, la souffrance et la peine accompagnent ceux qui s'installent dans la pénurie des caresses.

Une famille qui croit à la rareté attend la tristesse et certaines formes de malchances vitales: manque de temps ou d'argent, de joie ou d'amitié. Inversement, une famille riche psychologiquement distribue à ses membres des signes de reconnaissance, libère l'échange, offre attention et écoute, partage des idées et des sentiments. En particulier, ravaler ses sentiments, c'est créer une tension permanente en soi qui mène aux maladies psychosomatiques, aux tensions artérielles, aux crises cardiaques. Il est probable que l'une des raisons pour lesquelles les hommes ont une vie plus courte que celle des femmes tient au fait culturel qu'ils répriment leurs tendresses et leurs émotions. Bien vivre émotionnellement, c'est échanger des marques d'attention, multiplier les sourires et les paroles d'accueil et refuser de croire que le silence est suffisant en soi.

C. Les strokes et l'économie des gratifications psychologiques

Chaque personne attend des satisfactions liées à certains apports et à une gestion plus ou moins judicieuse de : la santé ou l'amitié, l'affection ou le temps.

Le lecteur pourra faire sa propre évaluation sur la rosace suivante qui pour chacune de ses 8 branches propose un thème vital. Nous avons retenu les gratifications que chacun peut recevoir dans les domaines suivants : la santé, la sexualité, les loisirs, l'argent, la nourriture, l'amour et l'amitié, le temps, la pensée et la réflexion. Nous pourrions en citer d'autres : le pouvoir, la réussite sociale... Le choix des thèmes est affaire de chacun.

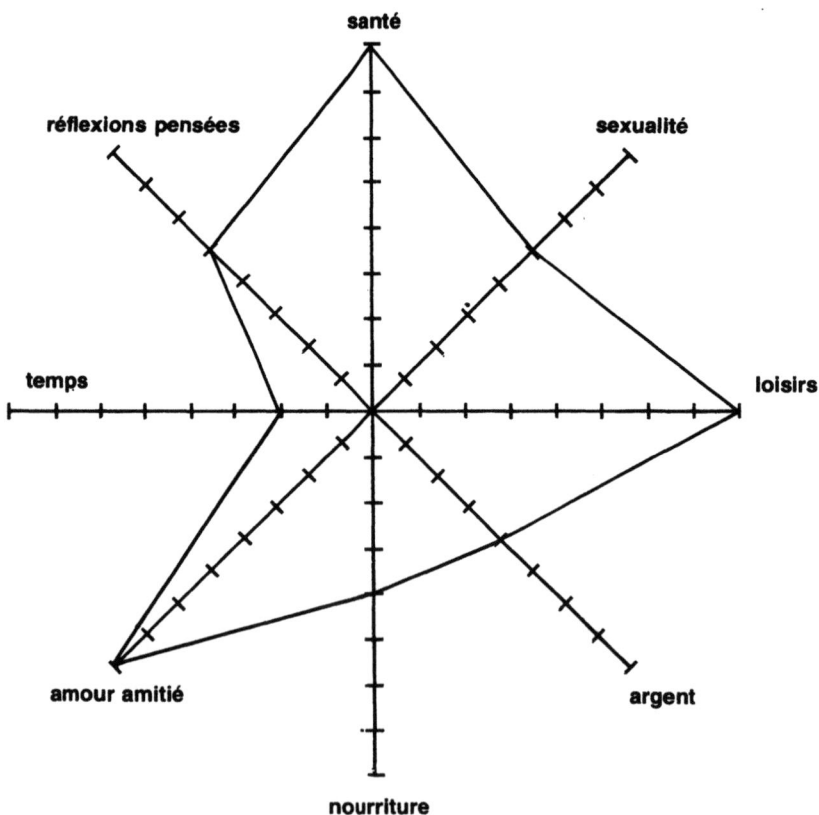

Chaque thème a une valeur maximum de 8 points :
1 ou 2 : faible satisfaction ;
3 ou 4 : médiocre ;
5 ou 6 : acceptable ;
7 ou 8 valorisation.

Dans l'exemple ci-dessus, la personne considérée : manque de temps, se nourrit mal et a une relation médiocre avec l'argent, le reste est acceptable ou valorisant. Elle tire des gratifications de ses liens avec les autres thèmes vitaux.

L'économie des échanges est un terme approprié en ce que l'économie est à la fois science de la rareté et de la répartition. Nous pouvons nous poser plusieurs questions sur nos dotations en strokes :

- Sur une échelle graduée de 0 à 100, où une personne situe-t-elle son point de réception ? Le total des strokes reçus est issu de satisfactions familiales, sociales ou professionnelles. Par exemple : une personne estime recevoir 70 unités par jour — sachant que la détermination chiffrée d'un stroke reste individuelle, dans certains cas, la valeur attribuée à un bonjour peut varier de 1 à 10 unités selon la personne qui l'offre. Près du 0 la personne est en grave déficit, vers le 100 elle se sent aimée et reconnue. Elle se conforte que l'important dans la vie est d'atteindre ce point où elle se ressent « mieux que bien ».

Echelle de réception des strokes

- Quels sont les états du moi les plus gratifiés ? Dans l'exemple précédent, comment se répatissent ces 70 unités ? Ces signes de reconnaissance sont-ils obtenus pour notre sens des responsabilités, notre compétence, notre adaptation ou notre spontanéité. Les strokes reçus sont en rapport avec le degré d'activation de nos états du moi. Ainsi la personne dont l'égogramme indique un Parent à haut fonctionnement, aura plus de possibilités d'être gratifiée par ses engagements moraux et son sens des valeurs.

- Qui donnent les strokes ? La personne reçoit-elle de plusieurs personnes différentes ? La réponse montre la richesse et la faiblesse d'une source unique. Si une femme par exemple est reliée pour la presque totalité de ses réceptions à un homme et que celui-ci vienne à disparaître, il peut s'ensuivre une dépression, un long temps de deuil avant de retrouver un nouvel équilibre.

- La personne dispose-t-elle de suppléances possibles en cas de déficit présent ? Nous analyserons les souvenirs et les projets qui sont les uns des strokes de réemploi, les autres des strokes par anticipation. Ils constituent pour une personne une possibilité de combler les vides momentanés du temps et par là de maintenir le potentiel total de réception à un bon niveau.

- Y a-t-il de grandes variations par rapport à la moyenne ? Les mauvais jours sont ceux où le niveau habituel n'est pas atteint. Les éloignements imposés — par exemple les séjours à l'hôpital — les absences des personnes gratifiantes sont causes de chute dans les réceptions de strokes et par là de déprimes et de lassitude. L'hospitalisation, la séparation maternelle pour le petit enfant en est un cas. Inversement un être bien portant vit des « jours à 100 ». Maslow décrit ces états de plénitude comme des situations paroxystiques où la personne a le sentiment d'une vie pleine, de joies partagées, d'être comblée. Certes, il est difficile d'évaluer un seuil de satisfaction. Karpman estime que le bien-être est autour de 70. Un névrosé ne pousserait pas son curseur au-delà de 40 ? Il paraît évident cependant qu'au-dessous de 20 la personne se situe à un niveau de déficit massif, dans une zone de déni.

La question qu'une personne peut se poser : comment améliorer ses propres dotations. La réponse dépend de l'état actuel. Elle est plus aisée pour une personne bien portante que pour un psychasthénique qui a besoin de la médiation d'une relation d'aide.

Tous les états du moi sont concernés par la recherche des strokes. Il appartient au Parent Critique de reconnaître les règles d'obtention des strokes, à l'Adulte de mettre en place un système de relation et d'échange avec l'aide du Petit Professeur intuitif, sous les applaudissements chaleureux du Parent Nourricier. Alors l'Enfant Spontané rayonne et l'Enfant Adapté accepte les suppléances et les variations.

Notre visage et notre corps portent traces des dotations. Ils expriment les déficits et les surabondances, les quêtes inassouvies et les plénitudes apaisées.

Pourquoi une personne reçoit-elle des signes de reconnaissance qui sont souvent de même nature ? Les réponses sont multiples et en complémentarité. Citons :

– Les schémas culturels. Ainsi un homme et une femme qui font le même travail et l'accomplissent avec autant d'efficacité risquent d'être reconnus, le premier pour son esprit de décision et son sens de l'autonomie — l'Adulte — et la seconde pour sa soumission, sa dépendance, voire sa gentillesse : l'Enfant Adapté. Ces schémas culturels tendent à se transformer aujourd'hui mais cette évolution est lente.

– La structure de la personnalité. Si, ce qui est souvent le cas, un état du Moi prédomine, son activation répétée tend à lui ramener les strokes qui lui ressemblent. Par exemple, lorsque la dominante est Parent Critique, la personne reçoit des gratifications sur ses prises de responsabilité, son respect des règles, son sens des valeurs. Si sa dominante est Enfant Spontané, ceux qui l'entourent lui diront qu'elle est enjouée, spontanée ou à l'excès qu'elle est égocentrique, colérique ou impatiente.

– Le sentiment-parasite favori de l'individu. Les personnes collectionnent souvent les mêmes types de sentiments. Cette répétition de la fatigue, de l'énervement ou de la dépression est bien reconnue par ceux qui vivent ou travaillent près de cette personne. Un être humain qui parle de sa fatigue régulièrement, qui l'évoque à tout propos, reçoit en résonance des signes de reconnaissance liés à celle-ci. Il s'entend dire « reposez-vous », « cela va passer », « vous en faites trop ». Les signes de reconnaissance que nous recevons nous ressemblent, ils renforcent nos positions existentielles, nous confirment dans l'image que nous avons de nous-même. Dans une relation professionnelle, une personne bien adaptée est celle dont on dit : elle est responsable, compétente et chaleureuse. Là, le Parent, l'Adulte et l'Enfant reçoivent leur part.

Ces multiples raisons qui font qu'une personne aime ou a appris à aimer recevoir certains strokes plutôt que d'autres expliquent la notion de stroke-cible. Nous désignons ainsi une graduation des satisfactions. Lorsque nous recevons certains signes de reconnaissance, ceux que nous souhaitons le plus, ceux-ci nous touchent, nous font rayonner de plaisir. D'autres caresses psychologiques quoique agréables à recevoir conviennent moins à nos vœux. Nous avons bien sûr de nombreuses cibles, elles sont reliées à nos thèmes et à nos domaines de prédilection. Notre cible peut varier aussi selon les circonstances. Prenons le cas d'un malade qui évolue favorablement à la suite d'une opération et examinons la valeur relative des strokes pour lui.

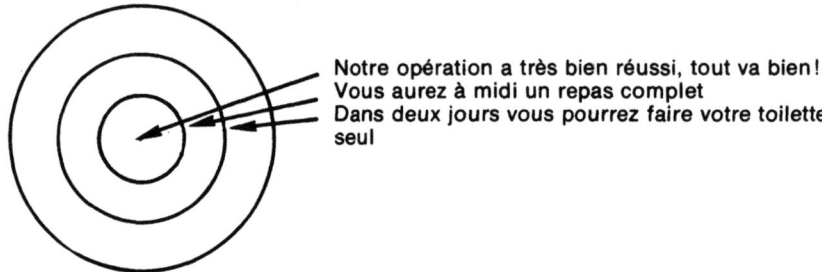

Notre opération a très bien réussi, tout va bien !
Vous aurez à midi un repas complet
Dans deux jours vous pourrez faire votre toilette seul

Le personnel soignant compétent en relations humaines, chaleureux a un Petit Professeur intuitif qui trouve le mot juste, l'attention particulière qui convient à chaque malade. Les communications sont alors riches et variées; la phrase qui fait plaisir, le geste qui soulage est différent pour chacun.

Lorsque le personnel soignant communique avec les malades, il adresse consciemment et parfois à son insu des marques d'attention positives et négatives très différentes. Même si nous ne savons pas chiffrer celles-ci, nous pouvons leur attribuer des valeurs relatives :

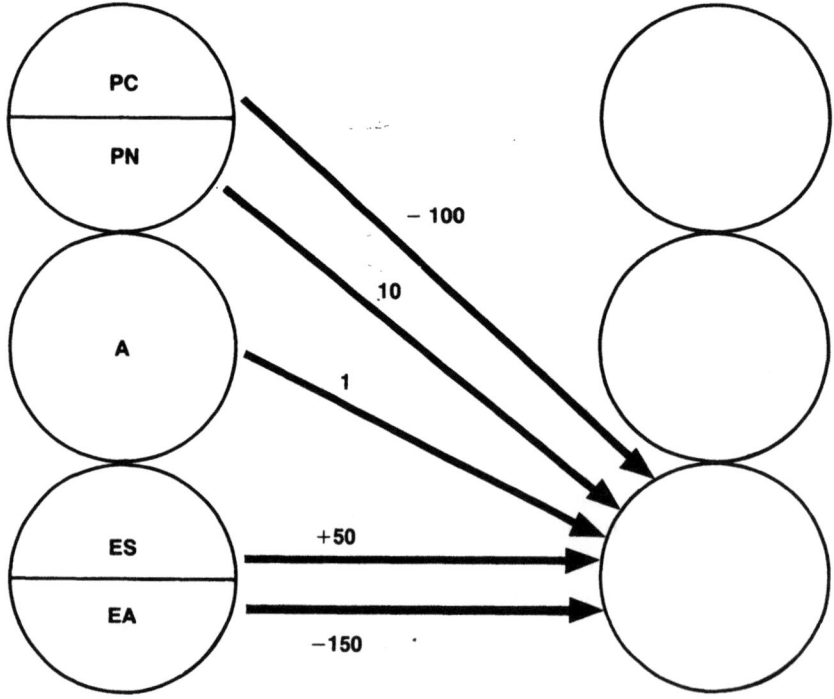

- Notons pour 1 unité, le signe de reconnaissance donné à un malade par l'Adulte d'un soignant dans l'accomplissement technique d'un soin.

- Une phrase attentionnée et chaleureuse du Parent Nourricier vaudra 10 unités.

- Une acceptation inconditionnelle d'autrui par l'Enfant Spontané «Vous allez bientôt quitter le service et j'en suis heureuse pour vous» accompagnée d'expressions non verbales vaudra 50 unités.

- Mais, une remarque piquante, acerbe du Parent Critique fera 2 fois plus de mal que la phrase gratifiante précédente.

- Enfin, un Enfant Adapté furieux, hors de tout contrôle, qui réprimande le malade avec des mots durs, blesse au-delà de tout. La personne se ressent seule et peinée, isolée et triste. Nous avons le maximum de négativité. Notons que l'Enfant Adapté est la partie de nous-même qui sait plus que tout autre dire le mot qui fait mal, exprimer sous une apparence acceptable la perfidie qui gâche les meilleurs moments.

Les souvenirs et les projets

Les caresses s'échangent au présent dans l'ici et le maintenant. Une personne bien portante dispose de plusieurs tactiques pour maintenir un bon niveau de strokes lorsqu'elle n'est en présence de personne pour une communication. Les deux procédés les plus usuels sont les souvenirs et les projets.

- Les souvenirs sont des caresses en conserve que la personne régénère à volonté et au moment où elle en a besoin. Ils ont plusieurs agréments: ils sont disponibles, illimités, indestructibles. Faciles d'accès, à usage répétitif, les souvenirs sont d'une proximité aisée. Ils peuvent être évoqués par la pensée, retrouvée sur des photos, visionnés par le film, écrits sur une lettre. Les souvenirs heureux sont le meilleur régime. Les expériences de Penfield qui ont fortement intéressé Berne ont montré qu'une personne enregistre chaque expérience et que celle-ci peut être rappelée volontairement ou même expérimentalement par stimulation corticale. Les souvenirs sont capables de revenir accompagnés de leurs émotions. Les prisonniers de guerre ont rapporté que dans les situations de détresse le rappel des strokes positifs ont été une aide à la survie.

En attendant autrui dans le présent, les souvenirs, caresses mémorisées, soulagent, retracent les joies passées. Ce qui a été vécu est à jamais conservé. Le souvenir est une compensation aux manques actuels, aux déficits éphémères.

- Les projets comportent pour l'Enfant Spontané des satisfactions imaginées. Le désir est une anticipation du plaisir. Aidé du Petit Professeur, la personne rêve, construit un réel de gloire et d'amour, de tendresse et d'amitié où elle reçoit et donne des signes de reconnaissance. Dans l'évasion, — oubli des contraintes et des obligations, — la fantaisie, — production d'images, — chacun orne sa vie, s'offre des strokes aux frontières imprécises de l'attente. Les projets sont une vision souhaitée, une prémonition des satisfactions à venir. Ils aident la personne à compenser d'un manque provisioire. Ils s'inscrivent dans la logique du scénario de vie. La coloration positive ou négative des projets est en conformité avec l'image idéalisée de soi, le plan inconscient d'existence qui guide nos choix fondamentaux. Lorsque le même type de projet réapparaît avec constance, il s'apparente à notre conte de fée favori, celui qui nous représente le mieux, dans lequel nous jouons le rôle le plus proche de notre vie rêvée. Les strokes reçus par anticipation dans nos fantasmes ont bien souvent la couleur de ceux déjà collectionnés: la joie pour les uns et la peine pour les autres. Les rêves et les projets, comme les souvenirs, nous ressemblent.

Les strokes du personnel infirmier

L'activité professionnelle offre une pluralité de gratifications. Celles-ci ne sont certes pas spécifiques au personnel soignant. Elles sont identiques dans les autres secteurs. Nous citerons les signes de reconnaissance les plus souhaités et les plus attendus par le personnel. Et nous nous aiderons pour les classer de la grille des besoins de Maslow:

Palier 1: Survie

- recevoir une juste rémunération;
- accéder à des postes mérités;
- travailler avec des conditions de matériels acceptables.

Palier 2: Sécurité

- vivre dans un environnement non menaçant;
- avoir une stabilité d'emploi;
- être informé;
- se sentir soutenu lorsque nécessaire.

Palier 3 : Contacts sociaux positifs
- être écouté et consulté, donner son avis sur son travail;
- décider ensemble;
- traiter en commun des désaccords;
- être apprécié pour ses bonnes relations, pour son sens de l'amitié et des contacts sociaux positifs;
- choisir son équipe de travail, éventuellement.

Palier 4 : Estime de soi
- recevoir la confiance des autres;
- être reconnu dans sa différence;
- se sentir considéré;
- vivre en conformité avec ses valeurs;
- être congruent;
- voir son identité reconnue qui est à la fois ressemblance à autrui et individualisation.

Palier 5 : Réalisation à travers sa tâche
- faire un travail utile, visible, apprécié;
- exprimer sa compétence;
- se former et continuer son propre développement;
- varier, innover dans sa tâche;
- recevoir une délégation pour prendre des initiatives et des responsabilités;
- participer à la définition de ses objectifs professionnels;
- être autonome.

D. Les symbioses et les relations de dépendance

Toute vie est échange, toute communication est lien, mais deux personnes peuvent se sentir autonomes ou en symbiose. Dans le premier cas, chacun apporte ses ressources, contribue à la relation en gardant la possibilité de s'en dégager, dans le deuxième cas, chacun est indissociable et dépendant de l'autre.

Lors des premiers mois de la vie, la symbiose est une communication normale. L'enfant n'a pas conscience de la séparation, il vit l'unité avec la personne qui le soigne et le nourrit. Sa mère est vécue dans une même unité indifférenciée. Puis autour du 8e mois, l'enfant découvre la séparation, souffre de cette rupture. Il cherchera d'ailleurs à nier ou à atténuer cette coupure en inventant un objet transitionnel — jouet en peluche, mouchoir, drap — qui symbolisera à demeure la mère absente. Le semblable, l'identique, le même renvoient toujours à ce fantasme et à ce réel primordial de l'existence et qui est l'indifférenciation. Chez l'adulte, la symbiose s'exprime dans une dépendance imaginaire, elle entraîne dévalorisation de soi et survalorisation d'autrui, enfin elle ouvre sur la passivité sous les quatre formes : attente, agitation, incapacité ou violence et suradaptation. Soit :

Autonomie ≠ symbiose → dévalorisation → passivités

Une symbiose nécessite la présence — réelle ou imaginaire — de deux personnes qui n'en font plus qu'une, où chacune exclut certains états de personnalité. La symbiose est constituée dans l'exemple suivant :

Le médecin et son assistante :

- Des valeur du médecin,
- De sa compétence,
- De l'obéissance, l'acceptation voire la rébellion de l'assistante
- De l'exclusion du jugement de celle-ci

- Voilà ce que vous devez faire.
- Voilà comment y parvenir.
- Je me soumets ou me rebelle à vos directives...
- ... même si je ne vous comprends pas.

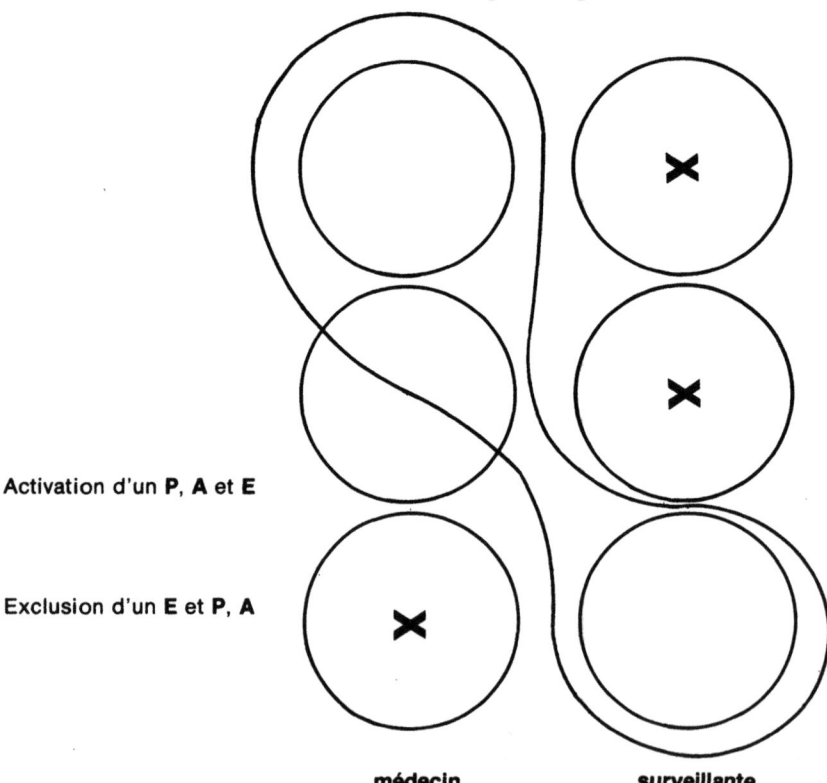

Activation d'un **P**, **A** et **E**

Exclusion d'un **E** et **P**, **A**

médecin   **surveillante**

La symbiose peut aussi s'illustrer par les égogrammes. En juxtaposant sur le même diagramme les représentations graphiques de 2 personnes on obtient le schéma suivant :

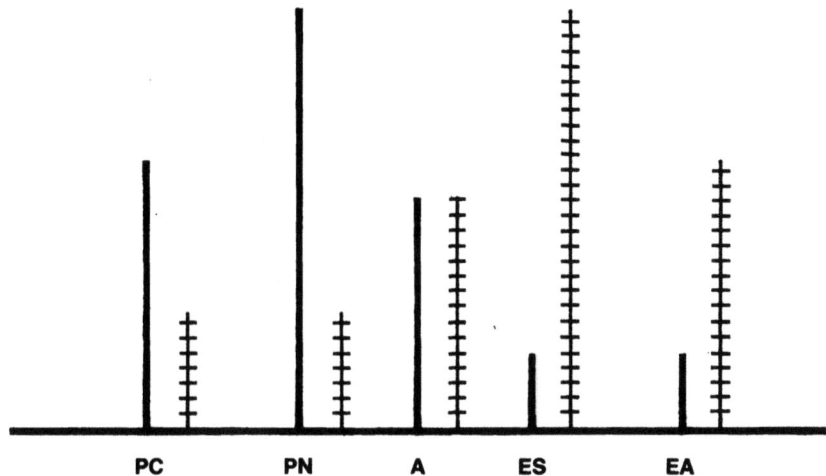

Dans ce cas la symétrie est parfaite. Seul l'Adulte ne participe pas à la symbiose et à sa complémentarité dépendante. Dans ce cas un traitement commun nécessite d'activer l'état du Moi le plus bas chez chacun et d'arriver peu à peu à un meilleur équilibre et à terme à la rupture de la symbiose.

Entre deux personnes autonomes, chaque état de personnalité peut s'adresser aux trois autres, cela donne 9 types de transactions différentes. Dans une relation symbiotique, il n'y a plus qu'une seule relation privilégiée : la transaction Parent-Enfant et plus précisément Parent-Enfant Adapté. Ainsi, dans une symbiose, deux personnes ne sont jamais dans le même état de personnalité en même temps : les relations Parent-Parent ou Adulte-Adulte ou Enfant-Enfant sont inexistantes. Et les échanges de valeurs, d'idées et d'expériences, de joies et d'amusements sont exclus. Alors que dans l'autonomie, la différence maintenue, contribue à la richesse de l'échange, dans la symbiose, la pauvreté expressive des pensées et des sentiments est de règle. Chacun n'apporte que la part qui manque à l'autre et ne reçoit que ce qu'il n'exprime pas en lui. Telle une arche gothique, les deux personnes penchées l'une vers l'autre forment un déséquilibre stable. Citons quelques cas :

- l'infirmière assistante du patron, dévouée et admiratrice qui ne le contredit jamais;
- le malade silencieux et soumis assisté par l'équipe soignante compétente mais autoritaire;
- le médecin, fatigué de ses responsabilités professionnelles, qui devient le soir le petit garçon dépendant d'une femme qui le domine mais l'amuse;
- l'interne qui se paralyse devant le patron car il craint de n'être pas capable et compétent.

La symbiose s'exprime par des dépendances qui altèrent le sens des valeurs, ignorent les capacités, réduisent les initiatives, favorisent les soumissions. Il en découle dévalorisation de soi et survalorisation d'autrui qui rappelle la situation de l'enfance:
- Hier: Mes parents ont des principes et des compétences, j'obéis.
- Aujourd'hui: Les figures d'autorité élues par moi sont comme mes parents, j'obéis. Soit: eux pensent et décident, j'en suis incapable.

Le malade dans la situation régressive hospitalière cherche parfois et sans s'en rendre compte à recréer les symbioses anciennement pratiquées. Le personnel soignant de son côté, soucieux de sollicitude, accepte de répondre dans le sens proposé. Citons des exemples usuels:
- Le malade adresse une question implicite au personnel soignant qui répond à l'intention profonde:
  1. Le malade: «Ne fait-il pas trop chaud dans cette chambre?»
     L'infirmière: «Je vous ouvre la fenêtre».
  2. Le malade: «Auriez-vous le temps de m'aider à écrire ma lettre?»
     L'infirmière: «Je viens près de vous, c'est ce que je comptais faire».

L'Enfant adresse une demande au Parent au lieu d'échanger Adulte-Adulte.

- Le malade pose un problème et attend une solution du personnel soignant:
  1. Le malade: «J'ai mal à la tête».
     L'infirmière: «Prenez ce médicament».
  2. Le malade: «Je ne trouve plus mon livre».
     L'infirmière: «Vous l'avez laissé traîner dans le couloir».

Dans ces cas le malade cherche à accrocher un Parent Nourricier bien plus souvent qu'un Adulte.

- Le personnel soignant attend un certain comportement et une acceptation soumise du malade Enfant Adapté :
  1. L'infirmière : « En convalescence vous pourrez ranger certaines de vos affaires ».
     Le malade : « Vous voulez que je m'en occupe ? »
  2. L'infirmière : « Comment allez-vous faire par la suite avec ce régime ? »
     Le malade : « J'ai horreur de ces contraintes, mais enfin... »
- Le personnel soignant énonce une règle et attend un changement de comportement dans le sens de sa règle :
  L'infirmière : « Vous n'avez pas encore terminé votre repas ? » ou « quel désordre dans votre coin » ou « vous êtes le seul du service à faire un tel usage de la sonnette ».

Dans les quatre types de situation décrits, soit le malade soit le personnel soignant fait une incitation à la symbiose par de fausses questions et des transactions doubles, à partir d'un Enfant Adapté ou d'un Parent déguisé en Adulte. Pour résoudre les premiers cas, les deux solutions complémentaires possibles sont : une écoute active avec reformulation et une question de l'Adulte « que souhaitez-vous ? ». Dans les autres cas, c'est au personnel soignant lui-même d'agir à partir de son Adulte au lieu de proposer des transactions symbiotiques Parent-Enfant.

Les dévalorisations

Au-delà des jeux psychologiques qui accordent il est vrai, des signes négatifs de reconnaissance, la dévalorisation — ou méconnaissance — ignore l'autre. Ce manque d'attention, cette indifférence, ce déni blesse plus encore. L'interlocuteur est réduit au silence de ses pensées et de ses émotions.

J. Schiff, dans *All my children,* 1970, distingue 4 types de méconnaissance :
- Dévalorisation globale du problème. Exemple : l'infirmière au malade « Pourquoi avoir encore sonné, vous avez déjà tout ce qu'il vous faut ! » ou encore deux soignants qui discutent ensemble pendant que le malade attend anxieusement qu'on lui prête attention.
- Dévalorisation de l'importance du problème : « votre douleur n'est pas très forte, pensez à ceux des autres services » ou encore « vous prenez votre maladie trop au sérieux ».
- Dévalorisation des solutions : « je n'ai aucune possibilité de changer

votre menu avant trois jours », « on ne peut rien faire pour vous actuellement ».
- Dévalorisation de soi pour résoudre le problème : « je ne peux rien pour vous, je ne fais qu'obéir aux instructions ».

Une dévalorisation exprime une position non OK, elle nourrit les relations perdantes et les scénarios destructeurs. Elle est en contradiction avec l'affirmation positive de soi et d'autrui prise par l'Adulte.

Dans les quatre exemples choisis, l'infirmière qui veut sortir de sa passivité, cause des dévalorisations, peut :
- faire le diagnostic de la situation, confronter les informations, écouter ;
- évaluer le problème et la décision précise à travers ses diverses conséquenees ;
- proposer des solutions partielles ;
- se sentir acteur et concernée.

De la dévalorisation découle la passivité. Lorsque la personne se reconnaît incompétente, incapable de décider et de choisir, son manque d'autonomie et d'assurance se transforme en réduction des investissements énergétiques. Lorsqu'une personne a un problème qu'elle ne parvient pas à résoudre parce qu'elle ne dispose ni de ressources satisfaisantes ni de l'aide nécessaire, il arrive qu'elle renonce à continuer à en chercher la solution. Elle évite alors ostensiblement de s'en occuper pour attirer l'attention des autres, pour signifier par ce comportement qu'elle espère un soutien. La présence constante du malaise peut ainsi provoquer une réaction positive de quelqu'un. La passivité est une conduite adaptative, appel à autrui, elle est significative.

La passivité s'installe sous les formes liées entre elles :

- *Ne rien faire*

« Je crois toujours qu'avec le temps les choses s'arrangent d'elles-mêmes ».
« Laissons à une commission le soin de décider ».
« Je suis déçue de voir que les autres ne devinent pas mes souhaits ».
« Je ne sais jamais dire le mot juste au moment présent ».
« Les choses et les gens n'arrivent pas quand je les attends ».

- *L'agitation*

« J'ai beau courir un peu plus chaque jour, je n'arrive pas à finir ».
« Je passe beaucoup de temps à m'occuper de ce que le directeur pense sur une question pour me faire mon opinion ».
« Je ne peux pas prendre des initiatives sans savoir avant ce que dans les services, les autres font ».
« Je m'agite beaucoup, je tourne, je suis fièvreuse chaque fois que je dois m'occuper du planning du service ».

- *L'incapacité ou la violence*

« Cet accident m'a empêché d'avoir ce poste ».
« Cette maladie est cause de mes ennuis actuels ».
« Les autres m'énervent ».
« Je deviens furieux lorsque l'on me parle de mes retards journaliers ».

- *La suradaptation*

« Plus je m'en occupe et moins j'ai de résultats ».
« Je ne pense qu'à cet examen et sans arriver à le préparer ».
« Plus je délègue et plus j'ai l'impression que le travail me revient ».

4. La structuration du temps

A. L'occupation du temps

Plusieurs possibilités existent pour classer nos manières de passer le temps. Nous pouvons être, seul ou en groupe, en famille ou avec des personnes plus neutres affectivement, au travail ou en vacances. L'AT a choisi de classer les modes d'organisation du temps en fonction de l'intensité des gratifications psychologiques procurées. Il y a 6 manières de passer le temps: la 1re — le retrait — est la moins gratifiante, la dernière — l'intimité — est celle qui offre les plus grandes chances de reconnaissance réciproque.

Le besoin de structurer le comportement apaise 3 besoins à la fois dit Berne: le besoin d'excitation, le besoin d'être reconnu et enfin celui d'organisation ou de structuration. Cette typologie se retrouve dans toutes les cultures et à toutes les époques, malgré des différences sensibles entre les modèles proposés. Or, une personne ne choisit pas au hasard n'importe quelle forme de structure. Elle vit une forme particulière selon sa personnalité, son interlocuteur, le moment de l'échange et plus globalement en tenant compte de l'ensemble des paramètres contextuels: le lieu, la situation, le passé des relations ...

Structurer le temps est une manière de résoudre le problème existentiel qui consiste à savoir quoi faire dans une relation lors de la rencontre. *Que dites-vous après avoir dit bonjour?*, ce titre de l'ouvrage de Berne pose à chacun la question: que proposons-nous à notre interlocuteur comme type d'échange, c'est-à-dire comme possibilités de gratifications?

Le retrait

Dans cette situation, l'échange des gratifications psychologiques est nul. La personne vit avec elle-même, Elle peut bien sûr tirer avantage de cela. Etre dans son bain ou avec un livre, écouter une musique plaisante sont des activités solitaires agréables. Mais l'inexistence de relations sociales ne permet aucune expression de caresses psychologiques, ni donation, ni réception. Le retrait est positif dans le cas de méditation ou de recueillement, il devient solitude et désolation pour le passager coincé dans un compartiment de métro ou l'autistique. Ce n'est en effet pas la présence physique d'autrui qui crée l'échange mais la communication et l'interaction. Le retrait peut être volontaire ou subit: l'adolescent et le vieillard ne le vivent pas de la même manière. Dans tous les cas, le retrait ne procure à celui qui s'y trouve aucun signe de reconnaissance de la part d'autrui.

Le rituel

Chaque culture a précisé à ses membres des normes de comportement. Les protocoles, les cérémonies, les simples usages sont des règles socialement adaptées qui rendent prévisible la conduite de chacun dans les situations sociales. Les règles de la politesse sont des rituels quotidiens. Cette codification, parfois très précise, de l'échange ne laisse que très peu de liberté à chacun pour inventer. Le rituel est une forme peu risquée de contact social et à la fois peu gratifiante. Pourtant un manquement devient alors significatif et remarqué. Ainsi nous attribuons un sens particulier à la situation d'une personne qui n'accorde aucune salutation à une autre. Certaines personnes sont si peu gratifiantes dans l'échange qu'elles ne savent pas même dire bonjour: ce seuil minimal de la relation humaine!

Dans le rituel, la succession des échanges est hautement prévisible. Les partenaires ont peu de possibilités à innover.

Le passe-temps

Dans ce cas, chacun dispose d'un certain nombre de propositions, il peut entraîner la conversation sur les thèmes qui lui conviennent le mieux et où il est le plus à l'aise. Ces thèmes sont ceux qui sont fréquents et usuels dans une culture ou un milieu donné. L'un parlera voiture ou loisirs, l'autre du temps ou des vertus réciproques des services, un troisième parlera «chiffons» ou cuisine. Dans un passe-temps chaque personne grapille des gratifications, accorde et reçoit des signes mineurs de reconnaissance, en attendant que quelque chose de plus important apparaisse. Le passe-temps permet de faire connaissance, de supporter l'attente, de ne pas s'impliquer, de s'observer. Lors de ces échanges, c'est surtout le Parent qui est sollicité; il émet ses jugements, affirme ses croyances, confirme ses préjugés. Les thèmes évoqués sont très nombreux. La première transaction est souvent Parent-Parent, elle s'exprime comme une indignation, une critique ou une affirmation péremptoire. Exemple: «on ne peut rien attendre de cette surveillante, ou de cet interne, ou de...», «l'aide soignante devrait mettre un peu d'ordre dans cette chambre!», «les malades nous prennent pour leurs esclaves».

L'activité

Rédiger l'anamnèse d'un malade, établir un plan de soins, évaluer sa propre performance, sont des exemples d'activités. Celles-ci regroupent l'ensemble des tâches d'observation et d'analyse du monde extérieur, les décisions pertinentes prises à la suite de ces recherches et la mise en pratique des comportements rationnels. L'activité fait appel à la compétence de la personne, à son expérience, à son sens de la réalité. Etre actif, c'est percevoir les problèmes, traiter l'information, supporter les limites et reconnaître les contraintes, gérer les situations et prendre les décisions les plus plausibles. L'activité traite les faits, recherche les certitudes, use des capacités combinatoires de l'individu qui utilise son intelligence et sa pensée symbolique pour élaborer les solutions les plus adaptées. Elle est consciente du monde, de ses incertitudes et de ses complexités, prise en compte de la variété des données. L'activité est le travail de l'Adulte qui tient à distance le ton doctrinal ou accusateur du Parent et les fantasmes ou les illusions de l'Enfant. Entre le je crois et le je veux, l'Adulte dit je pense. L'infirmière qui est active est celle qui conceptualise, sélectionne, teste et confronte. La recherche des corrélations et des régularités, le choix entre plusieurs alternatives, l'examen des événements significatifs sont des comportements d'activité.

Entre les personnes, l'activité se reconnaît aux capacités d'écoute de chacun, au ton mesuré dans les échanges, à ce sens de l'humour qui est la marque de la distance prise avec ses propres réflexions. La flexibilité corporelle accompagne les quêtes de l'information. Orienté vers un but, l'activité tend à la recherche d'un double accord, celui entre les personnes — ou cohésion — et celui sur les idées — ou consensus.

L'activité est la plus forte consommatrice du temps des personnes; elle est gratifiante lorsque la compétence de chacun est reconnue, que les travaux occasionnent à ceux qui les ont accomplis des félicitations et des signes de reconnaissance. Pourtant tout n'est pas toujours ainsi. Méconnaître une œuvre, c'est s'exposer à voir son auteur obtenir des strokes par la séduction, la manipulation ou les jeux psychologiques et par là dévaloriser son sens du réel et ses analyses de l'environnement.

Les jeux psychologiques

Lorsque l'Enfant Spontané n'est pas capable ou n'arrive pas à obtenir des gratifications psychologiques dans une relation d'intimité, il est fréquent que l'Enfant Adapté le supplée pour alors recevoir des signes négatifs de reconnaissance.

Si la sincérité, l'authenticité et l'ouverture n'apportent pas les avantages que la personne en attend, la manœuvre, la dévalorisation des autres et de soi deviennent les termes de l'échange. Les jeux s'appuient sur des transactions croisées qui vont dévoiler après coup un message secret négatif. Nous détaillerons leurs mécanismes dans un paragraphe ultérieur. Dans un jeu, les personnes choisissent souvent des compagnons bien précis dans des situations très particulières et ils y tiennent un rôle familier qui peut être celui de Victime, de Persécuteur ou de Sauveteur. Le joueur sait obliger l'autre à échanger avec lui des signes de reconnaissance — qui sont, répétons-le, toujours négatifs. Les jeux se déroulent pour une part à l'insu du sujet, en cela ils sont différents d'une manipulation d'autrui qui est voulue et préparée consciemment. Par leur répétition les jeux consomment de l'énergie, polluent les relations, laissent chacun frustré ou abattu. Pourtant, ils sont encore préférables à l'indifférence et permettent d'accaparer l'attention d'autrui, de couper à la monotonie des journées dépourvues de signes de reconnaissance. L'infirmière qui affirme « sans cette surveillante le service sera plus agréable », le directeur qui réprimande son économe pour le non-respect d'une règle ignorée, le médecin qui s'agite comme un surmené, le malade qui se lamente exagérément sur son sort pour se faire pardonner, l'aide-soignante qui se dit « comment ai-je pu faire une chose pareille » après un oubli répétitif, toutes ces personnes jouent. Elles entrent dans un système défini par Berne de «transactions récurrentes, souvent répétitives, superficiellement plausibles, à motivations cachées», dans *Des Jeux et des Hommes,* tr. 1966.

Le jeu se pratique à 3 niveaux d'engagement :
- Au niveau 1, il est socialement admissible, souvent sans témoins, parfois attendu par l'entourage qui y reconnaît les acteurs, les changements de rôles et le déroulement.
- Au niveau 2, il est plus gênant, il prend l'aspect d'une découverte par l'entourage de relations plus secrètes qui ont à rester cachées.
- Au niveau 3, le jeu devient destructeur, il emporte les situations sociales et les familles, ruine et tue. «Qui a peur de V. Wolf?» est un bon exemple de jeu dur où les protagonistes d'échange en échange, montent les enchères, se détruisent mutuellement.

Les jeux illustrent cette triste constatation que lorsque dans un échange, un partenaire veut piéger l'autre il y arrive bien souvent. Mais quelle médiocre satisfaction que de tirer de l'échange ces reconnaissances forcés, ces erzats de gratifications. A long terme, les jeux épuisent les participants qui de surenchère en surenchère finissent par se faire renvoyer de leur travail, se coupent des autres ou sombrent dans la dépression. Renoncer aux jeux et gratifier la personne à travers son Enfant Spontané, c'est rompre l'escalade des dévalorisations successives de soi et des autres.

L'intimité

Cette relation est la plus vraie, la plus authentique; exempte de toute exploitation, elle offre la chance d'un partage, d'une découverte de l'autre et d'une révélation à soi. Dans l'entre-deux, circulent paroles et regards, joies et inquiétudes, acceptation des différences. La relation d'intimité est fondée sur la confiance en soi et en autrui. La personne se défend moins, laisse apparaître ce qu'elle éprouve même si cela est provisoirement négatif. Elle renonce aux façades statutaires, aux artifices, aux titres sociaux conventionnels: faire semblant, paraître convenable... L'intimité est le moment d'expression de l'Enfant libre. Rappelons que cet état de Personnalité — le premier à apparaître historiquement — fut à un bref moment de l'existence le seul à représenter le petit être alors spontané, entièrement présent dans son ressenti, sans partage. L'intimité éveille les sentiments, prédispose à l'empathie, procède par compréhension directe. Toute situation peut être l'occasion d'un pareil rapprochement: le travail collectif d'une équipe de soins intensifs, la compréhension muette d'une déception commune avec d'autres soignants lors de l'échec d'une opération, un large sourire partagé avec un malade qui a passé une bonne nuit. Les personnes positives se risquent à l'épreuve de l'intimité. Mais souvent cette relation riche et profonde est crainte pour les raisons qui font sa valeur. Alors chacun se retire, filtre, se tient sur ses gardes. L'infirmière qui souhaite approfondir cette relation, avec un malade, se doit d'apparaître disponible, de ralentir volontairement son rythme, de toucher la personne, de la regarder, de sourire, d'attendre. Les personnes peuvent alors échanger des signes de reconnaissance sans être sous le regard inquisiteur du Parent. Les caresses se donnent spontanément, elles ne sont ni filtrées, ni extorquées, ni retenues. L'intimité accentue les caresses vivifiantes et rejette les méconnaissances destructrices, les porte-à-faux. Elle est fondée, écrit G. Jaoui dans *Le Triple Moi*, 1979, « sur la confiance réciproque, l'absence de projet la reconnaissance de l'autre et l'acceptation de se montrer tel qu'on est, sans déguisement ni artifices ».

Correspondance entre occupation du temps et état de personnalité

Chaque état du Moi à un mode préférentiel de passer le temps.

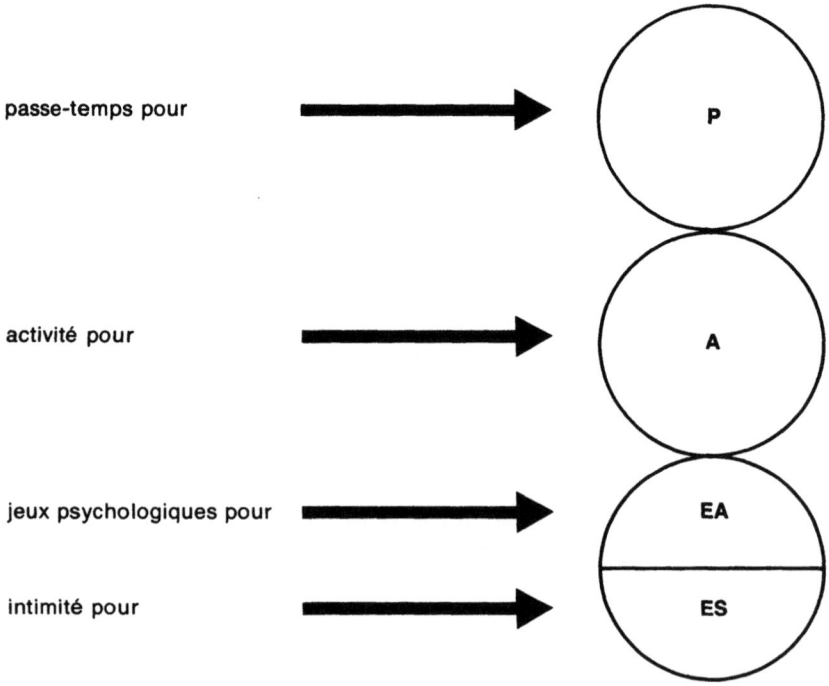

Le Parent échange des valeurs, transmet des informations fortement saturées en a priori et jugements définitifs sur l'éducation ou les équipements hospitaliers, le service administratif ou les soignants.

L'Adulte échange de l'information, évalue la réalité, résout les problèmes posés. Il est présent dans l'activité : noter un compte rendu médical, soigner, changer une organisation du travail, assurer une formation ou répondre au téléphone. L'activité est le temps de l'analyse et du raisonnement, de l'enquête et de l'écoute, de l'enseignement et de l'apprentissage. Dans l'activité les compétences sont sollicitées. L'infirmière parle de faits, d'alternatives, d'objectifs. Elle dit « je pense, à mon avis..., d'après ces informations... ». L'activité qui occupe le plus fort pourcentage du temps de chacun dans l'équipe de soins, ne représente plus grand-chose dans la structure temporelle du malade.

L'Enfant Spontané appelle l'intimité et les situations spontanées, ouvertes, sans inhibitions. Parfois sans gêne, bruyant ou encombrant, l'Enfant Spontané ne calcule pas, se dépense sans compter, recherches les satisfactions et esquive la frustration. L'intimité est le merveilleux moment où les personnes s'acceptent, se reconnaissent, se gratifient. Ce peut être aussi le temps de l'égoïsme et de la fermeture aux personnes lointaines.

L'Enfant Adapté s'active lorsque l'Enfant Spontané n'a pas eu sa part de gratifications. En fonction de ce principe essentiel qu'un coup de pied est préférable à l'indifférence, l'individu choisira, à son insu, de s'engager dans des jeux psychologiques. L'Enfant Adapté double alors l'Enfant Spontané et bâtit une série de transactions croisées aboutissant à un bénéfice psychologique médiocre qui se traduit par un sentiment négatif pour l'un ou les deux partenaires de l'échange.

B. Caresses et structuration du temps

Une personne bien avec elle-même accepte les caresses internes et externes sans les filtrer. Dans le cas contraire, la personne sélectionne uniquement les caresses qui s'accordent avec son scénario. Elle filtre, c'est-à-dire accepte, rejette, transforme les signes de reconnaissance, selon que ceux-ci sont compatibles ou non avec son attitude fondamentale dans l'existence.

Pour chacun des six modes de passer le temps, nous pouvons déterminer 4 situations de réception des caresses : internes et externes, avec et sans filtre. Ceci nous donne le tableau suivant :

	Caresses internes		Caresses externes	
	Sans filtre	Avec filtre	Avec filtre	Sans filtre
Retrait	Réfléchir en étant bien avec soi	Réfléchir en se dévalorisant	Penser: cette surveillante me déteste après un bonjour	-
Rituel	Prier intérieurement à la mort d'un malade	Prier intérieurement à la mort d'un malade et se sentir coupable	Saluer l'aide-soignante et penser qu'elle est inférieure à soi	Saluer parce que vous devez et avez envie de le faire
Passe-temps	Réfléchir au nouveau programme d'étude	Réfléchir sur le nouveau programme en se sentant incompétent	Echanger des informations qui augmentent un sentiment de supériorité	Echanger des informations utiles
Activité	Travailler seul avec succès	Travailler seul en se sentant incompétent	Faire un soin et trembler au moment essentiel	Faire un soin et le mener à bien
Jeux psychologiques	-	Jouer à jambe de bois dans son dialogue interne	Jouer à jambe de bois en se montrant Victime avec sa surveillante	-
Intimité	Etre congruent			Avoir une relation d'intimité avec un malade, un médecin, sa surveillante

Ce tableau appelle quelques remarques complémentaires :
- Un filtre trop efficace finit peu à peu par rejeter la personne dans la position de retrait.
- L'intimité est incompatible avec une caresse filtrée, inversement les jeux s'accommodent toujours de filtres.
- Un changement dans le travail du filtre est significatif d'une modification de la personnalité. Ainsi, une atténuation de l'action du filtre à caresse réduit les méconnaissances de soi, tient plus compte de l'appui positif d'autrui.

C. La structuration du temps à l'hôpital

Sur ce thème B. Dobbs et R. Poletti ont fait un grand travail de clarification que l'on retrouve dans leur ouvrage *Vivre à l'Hôpital*, collection Le Centurion, 1977. Nous nous inspirerons souvent de leurs propos dans ce paragraphe.

Les auteurs écrivent « cette structuration du temps... varie selon l'âge de la personne soignée, le type de maladie dont elle est atteinte, la longueur de l'hospitalisation ou de l'immobilisation requise, la structure mentale et le degré de développement psycho-social de cette personne ». Il en découle que les soignants auront une attitude différente selon chaque cas.

Une première comparaison montre la dissemblance essentielle entre les structurations de temps d'une personne bien portante et d'un malade hospitalisé :

Etre hospitalisé est plus dramatique sur le plan relationnel pour la personne qui avait un travail agréable et qui entretenait de bonnes relations avec son entourage. En effet celle-ci perd les deux sources les plus riches de gratifications psychologiques : sa compétence et sa capacité d'intimité. Elle se trouve confrontée avec le schéma de vie d'une personne qui joue et s'adonne aux passe-temps. Le rôle de l'infirmière est primordial pour atténuer cette double carence. A elle de soutenir, remplacer, assister et cela au rythme et selon les besoins de chacun.

Pour l'enfant, l'activité ludique, préparatrice des compréhensions abstraites, est facilement prolongée en milieu hospitalier. Il appartient aux soignants d'aider le petit, et selon son âge, à continuer ses activités manipulatrices et à poursuivre l'exploration de son monde environnant. Dans cette période de croissance, l'attention se porte

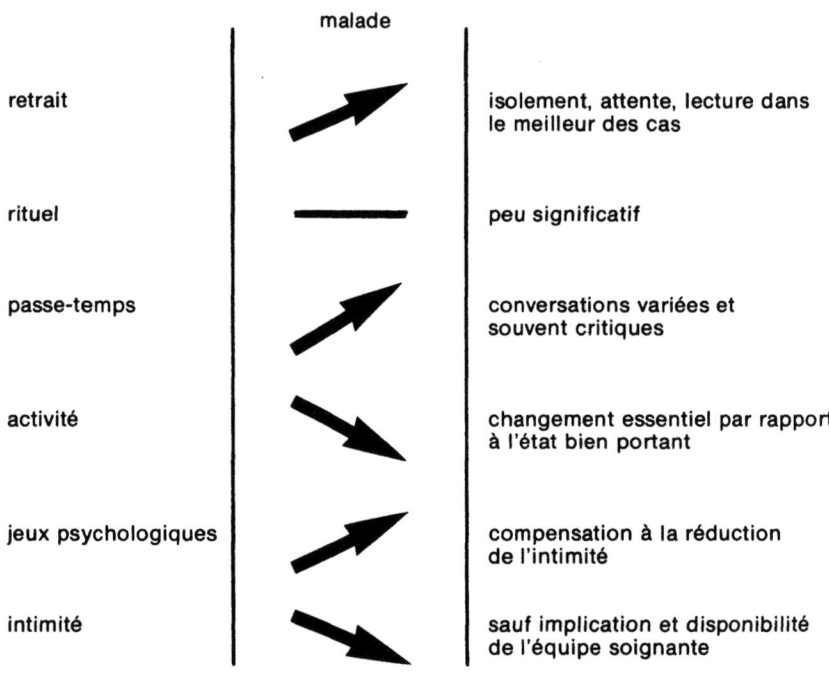

sur le développement conjugué des maîtrises gestuelles et des investissements émotionnels. L'enfant est par rapport à l'adulte celui qui peut trouver à l'hôpital une formule de gestion de son temps sensiblement équivalente à celle vécue à la maison.

L'adulte ressent souvent l'hospitalisation comme un retrait social et une démission de ses responsabilités. Ce temps non consommé au travail est vécu en culpabilité, anxiété, abandon de poste. La maladie s'accompagne d'une crise d'identité. L'équipe soignante a pour tâche de solliciter l'Adulte, ce qu'elle ne faisait traditionnellement pas. Elle se doit d'informer, parfois de consulter le malade, souvent d'enseigner. Ces échanges au niveau des réalités atténuent les régressions et freinent les attitudes infantilisantes des malades suivis et assistés, réduits à leur état d'Enfant Adapté Soumis... qui se retourne en Enfant Adapté Rebelle. L'infirmière compétente en relations humaines est celle qui intègre dans son rôle soignant la surveillance du temps du malade. Elle considère que le retrait, les passe-temps et les jeux psychologiques des malades sont à maintenir dans des limites acceptables, variables selon les cas.

Les personnes âgées dans leur majorité perdent les gratifications issues de l'Activité. Le vieillard attend beaucoup des relations, craint la solitude et le repli sur soi. L'équipe soignante apporte ses capacités d'écoute, sa disponibilité, sa chaleur communicative. Elle stimule, aide, enseigne. Elle maintient le dialogue pour que le malade âgé ne s'enferme pas dans ses idées fixes, ne désespère pas ou pire se sente abandonné lors des ultimes moments.

La structuration du temps varie avec l'âge mais aussi avec les trois autres facteurs précédemment cités: le type de maladie, la durée de l'hospitalisation et plus encore les ressources personnelles de chacun. Les personnes autonomes, dotées d'un riche potentiel intellectuel et affectif sont celles qui peuvent le plus facilement trouver dans le retrait par exemple, une compensation à l'absence d'activité. L'hospitalisation est une expérience qui accentue les différences, elle porte à réflexion pour ceux qui en sont capables et laisse sans défenses les personnes précédemment assistées. Dans ce dernier cas, le temps s'écoule, se perd, piétine.

5. Les positions de vie et leurs conséquences

Dans la continuité du courant psychanalytique, Berne attribue à la petite enfance un rôle déterminant dans la construction de notre propre identité. Nos premières expériences constituent les seuls éléments dont nous disposons pour nous faire une opinion sur l'existence. Ces idées de base portent essentiellement sur la relation à nous-même et aux autres, sur notre conception du monde. Elles sont à l'origine de nos conduites d'échec ou de réussite. Vers l'âge de 7 ans, le petit de l'homme prend une décision sur lui-même et sur sa perception d'autrui, liée à un scénario au plan inconscient d'existence. A partir de là, ses comportements viendront renforcer et confirmer son choix. Sur l'axe du temps le schéma est le suivant :

Expériences familiales précoces → Décision → Positions psychologiques
Scénario → Comportement en conformité avec le scénario

C'est dans son ultime livre *Que dites-vous après avoir dit « bonjour »?*, rédigé juste avant sa mort en 1970, que Berne a le plus étudié le scénario.

Nous analyserons successivement dans ce chapitre :
- Les positions de vie ;
- Les scénarios de vie.
- Les mini-scénarios ;
- L'issue des scénarios : les redécisions.

Ce chapitre aurait pu, pour respecter l'ordre de succession logique des événements déterminants, être le premier chapitre. Le scénario est le clou où s'accroche toutes les autres notions. Mais pédagogiquement, nous pensons que sa compréhension est meilleure à la suite des chapitres précédents.

A. Guide d'action des positions de vie

Une position de vie est une attitude fondamentale ou position existentielle. Elle oriente notre vision du monde et d'autrui, notre relation à notre entourage et notre choix essentiel. Avant de poursuivre, faites le petit test suivant :

Nos sentiments dominants

Chacun de nous éprouve selon les situations un sentiment particulier. Pourtant à travers la variété des circonstances, certains sentiments apparaissent plus souvent que d'autres. Pour apprendre à vous connaître, notez 10 sentiments que vous éprouvez souvent dans la liste suivante.

Anxieux	Exhubérant	Isolé	Suffisant
Fâché	Défensif	En forme	Affligé
Apathique	Furieux	Agité	Tendre
Affectueux	Détaché	Provoqué	Incertain
Désorienté	Chanceux	Malheureux	Mécontent
Contrarié	Effrayé	Heureux	Fatigué
Abattu	Renfrogné	Nerveux	Passionné
Agréable	Embarrassé	Révolté	Troublé
Confus	En communion	Nostalgique	Critique
Amer	Coupable	Gai	Blessé
Ennuyé	Sous pression	Tendu	Décontracté
Enthousiaste	Vide	Choqué	Dévalorisé
Craintif	Amical	Triste	Agacé
Enervé	Inhibé	Joyeux	Inintéressant
Déprimé	Qui proteste	Angoissé	Satisfait

Correction de l'exercice « Nos sentiments dominants »

- Devant anxieux, noter 3, Fâché 2, Apathique 4, Affectueux 1.
- Continuer à la suite devant chaque qualificatif dans l'ordre 3, 2, 4, 1 jusqu'à la fin, soit « satisfait = 1 ».
- Reclasser vos propres sentiments selon les 4 catégories :
  1 = Position de vie + +
  2 = Position de vie + −
  3 = Position de vie − +
  4 = Position de vie − −
- Compter le nombre de sentiments dans chaque catégorie.

Les quatre positions de vie et leurs conséquences

Notre conception du monde agit comme un mode sélectif d'analyse des données qui nous fait percevoir ce qui nous ressemble. A partir de cette position fondamentale — fondée sur la confiance ou le doute — découlent nos sentiments dominants, nos croyances sur le sens de la vie et des rencontres, nos comportements majeurs. Nous pouvons distinguer 4 grandes positions de vie :

- Position 1 — Confiance en soi — confiance aux autres; je suis OK +, vous êtes OK +. C'est à la fois la première position de vie et si les rencontres ont été gratifiantes, celle qui est consciemment choisie par l'Adulte vers la fin de la période de l'Œdipe. La personne est directe. Dans sa relation elle tente le difficile équilibre entre elle et autrui, elle coopère. Elle a une attitude générale de résolution du problème.

- Position 2 — Confiance en soi — doute sur autrui; je suis OK +, vous êtes non OK −. Position prise précocement — dans la 2e ou 3e année — lorsque l'enfant attend peu de gratification de son entourage, et se trouve seul devant ses besoins à apaiser. La privation des caresses lui fait décider qu'autrui n'est pas estimable. Alors la tendance s'inverse, la personne s'identifie avec le grandiose et l'expansif. Elle cherche la domination et l'affirmation de soi au détriment de l'autre.

- Position 3 — Doute sur soi — confiance en autrui; je suis non OK −, vous êtes OK +. La personne par manque de caresses conclut qu'elle ne les mérite pas. L'enfant ne s'est pas senti protégé et aimé, il a opté pour l'effacement et la complaisance à autrui. Il se soumet, attend d'autrui affection et signes de reconnaissance. Il se ressent méprisable et stupide, incapable et rejeté. Ses demande sont parfois excessives et ses reconnaissances également.

- Position 4 — Doute sur Soi — Doute sur autrui; nous sommes non OK − −. C'est une position dépressive. La personne ne se fait pas confiance et pense que personne ne peut jamais rien pour personne, que la vie vaut peu. En retrait, sur la défensive, la personne se résigne, sabote toute tentative d'aide. Elle est distante, isolée voire suicidaire. Les sociopathies les plus graves peuvent s'inscrire dans cette attitude de base.

Suivant les gratifications qui ont été précocement reçues et qui ont plus ou moins apaisé les besoins de l'Enfant Spontané, le petit de l'homme a décidé souvent avant 7 ans une position de vie. Celle-ci détermine ensuite les valeurs de la personne, ses normes, ses manières d'être ou d'agir, son tyle de relation. Elle est liée aux stimulations émotionnelles de la personne, aux états du Moi les plus investis, aux types de transactions.

Certes une personne peut selon les moments et les circonstances se ressentir dans l'une des 4 positions. Ce qui compte c'est le nombre total d'heures et de minutes dans une journée passée dans chaque cadran. Une autre représentation des positions de vie est celle-ci :

+−	++
Survalorisation de soi/Dévalorisation d'autrui	Je suis bien avec autrui
Sentiments favoris : indignation, mépris, colère, pitié, condescendance	Les sentiments spontanés, favoris : joie, désir, attachement.
« Qui est coupable ? »	« Quel est le problème ? »
DOMINATION	**COOPERATION**
INDIFFERENCE	**SOUMISSION**
Dévalorisation de chacun	Dévalorisation de soi/Survalorisation d'autrui
Sentiments favoris : désespoir, retrait, dépression	Sentiments favoris : admiration, inquiétude, honte
« Nous ne valons rien »	« C'est de ma faute »
− −	− +

Prenons l'exemple d'une infirmière ++ la représentation de sa journée sera celle-ci. La surface hachurée est proportionnelle au temps de fréquentation de chaque zone.

+−	++
Elle a été en colère 2 fois dans sa journée : après un malade qui n'a pas respecté son régime grâce à la complicité de sa famille et après une collègue qui ne l'a pas consultée sur un changement de planning qui la concerne	Dans ses relations avec les malades et ses collègues, elle informe, coopère, résout les problèmes et se plaît dans la compagnie de chacun
Elle a été triste de voir qu'un malade ne pouvait être sauvé et s'est demandé un instant si son travail et celui du service servait à quelque chose	Elle a été à un moment débordée et à oublier de téléphoner à sa mère comme prévu. Elle s'est culpabilisée et a pensé je ne suis pas assez attentionnée envers ceux que j'aime
− −	− +

La gestion du temps est aussi bien différente selon les 4 positions de vie :

- Etre + + c'est employer son temps → se rencontrer.
- Etre + − c'est tuer le temps → chasser les autres et se retrouver seul.
- Etre − + c'est passer le temps → se sentir encombré de soi.
- Etre − − c'est piétiner le temps → ne savoir où se diriger.

Le gagnant et l'enclos OK

La qualité de la communication dépend pour partie de notre définition préalable d'autrui, de l'importance que nous lui attribuons.

Etre OK + +, c'est établir dans la vie des rapports d'égalité, de coopération et de satisfaction réciproque. La personne agit à partir de son Adulte et éprouve des émotions par son Enfant Spontané. Elle analyse les problèmes et les opportunités, propose des occasions de progresser, est soucieuse de son développement et de celui d'autrui. Elle discute et négocie, raisonne et décide lucidement. Elle échange normalement des strokes, dit à l'autre ce qui ne va pas mais complimente aussi avec chaleur pour les succès obtenus. Elle s'accepte et elle a confiance. Sa devise est « allons de l'avant ensemble ». Alors que la personne + −, dit « Tu iras parce que je le dis », la personne − + dit « je renonce, tu as raison » et la personne − − « je ne sais que dire, nous sommes dans l'impasse » ; la personne + + dit « confrontons nos idées et résolvons ensemble nos difficultés, bâtissons nos projets en cumulant nos ressources ». A partir de cette position psychologique, les styles de relations, les sentiments éprouvés, les actions menées seront ceux de gagnants. Les processus sociaux seront ceux de l'accommodation et de la confrontation, de la coopération et du développement. Etre + +, c'est vivre dans l'ici et le maintenant dans la présence d'autrui. C'est dire ce que nous pouvons faire de mieux, nous l'entreprenons. Le succès n'est pas assuré, mais nous tentons de le rendre probable. L'optimisme, l'humour, l'intimité sont sur les chemins de rencontre. La solidarité et l'esprit communautaire des gagnants sont opposés à l'individualisme compétitif et aux solitudes troublées des perdants. L'enclos OK + + est un lieu privilégié de rencontre et d'accueil, d'acceptation et d'accomplissement.

L'enclos OK du service hospitalier

Les attitudes envers les règles, la manière de travailler, l'activation de l'énergie diffèrent selon les 4 positions vitales dans un service hospitalier. Analysons les 4 situations.

Les déterminants	++	+−	−+	−−
Attitude de base	Je vais de l'avant avec toi	Va-t-en	Je m'en vais	On ne sait où aller
Gestion des relations	Coopération	Domination	Soumission	Laisser-faire
Les règles	Lignes de conduite définies en commun	dictées par l'autorité	des devoirs à respecter	rigides ou méconnues
Vision des conflits	Occasion de clarification et de progression	Le travail avant les sentiments	Nuisible aux relations	L'ignorance, le non-traitement
Style de relation	Affirmation	Agression	Manipulation	Fuite
Solution	Constructive	Expansion	d'effacement	ou résignation
Style de gestion	Développement	Contrôle, au mieux persuasion	Accommodement	Défensivité
Sentiment dominant	Joie	Colère	Peur	Tristesse
Projet	Réalisation	Recherche de pouvoir	Demande d'amour	Indifférence

Les différences sont nettement marquées. Les auteurs des théories de Direction et les praticiens de l'organisation reconnaissent les analogies avec d'autres grilles d'analyse des situations professionnelles. Nous pouvons affirmer que chaque style fait appel à des stimulations et des motivations différentes, obtient des résultats peu comparables. Ainsi les relations d'autorité sont fonction de la position de vie du responsable.

- Le Chef + + pratique la Direction partagée : il informe, consulte, délègue. Il pratique la concertation, négocie lors des conflits et cherche à atteindre les objectifs tout en tenant compte des besoins de son personnel.
- Le Chef + − impose ses décisions, ne tolère aucune erreur, s'éloigne de son personnel et ne s'intéresse qu'aux objectifs. Il accepte d'être craint.
- Le Chef − + au contraire veut se faire aimer. Il est arrangeant et même trop. Il évite le conflit et se replie.
- Le Chef − − solitaire, il applique le règlement sans l'interpréter. Il évite les initiatives et les responsabilités. Il n'aime guère le changement.

Positions de vie et strokes

La grille ci-dessous se lit comme un tableau à double entrée, elle peut vous aider :
- à situer votre capacité à émettre des strokes ou à en recevoir en fonction de votre position de vie ;
- à comprendre les réactions de votre interlocuteur, à reconnaître sa position de vie et à savoir y réagir.

	Donnent des strokes		Acceptent des strokes	
Positions de vie	Positifs	Négatifs	Positifs	Négatifs
+ +	souvent aisément des catégories : - inconditionnels et - conditionnels	- pratiquement jamais d'inconditionnels - normalement et des conditionnels	- avec plaisir et sans avidité	- normalement, en usant pour réfléchir sur eux-mêmes
+ −	rarement	exagérément même des signes inconditionnels	avec exagération	ne les écoutent pas, les refusent
− +	facilement mais parfois avec exagération	- jamais de signes inconditionnels - quelques signes conditionnels	- avec reconnaissance ou en les refusant	acceptent voire s'exagèrent les signes négatifs
− −	jamais	souvent	non	oui et en se reconnaissant

B. Les scénarios de vie

Définition du scénario

Un scénario de vie est un plan inconscient d'existence. Dans son sens fort, ce plan est négatif et sera vécu comme une gêne pour la personne. Pour survivre, sortir de la terrible case de l'indifférence, recevoir quelques strokes, l'enfant s'imposera des limitations stériles, acceptera de suivre un projet de vie biaisée et pervertie. Obéir à une malédiction familiale, c'est encore avoir une identité, se sentir relié, maintenir en vie une relation avec son entourage. Les scénarios oppriment et filtrent les échanges, ils constituent dit Berne dans *Que dites-vous après avoir dit bonjour?*, tr. 1977, «des systèmes artificiels qui limitent les aspirations humaines créatives et spontanées». Pour être reconnu, l'enfant obéit, Mais le drame est que même lorsque la situation originelle qui a ouvert le scénario a disparu, celui-ci continue encore d'agir. Tel enfant qui décide de ne plus demander l'affection de ses parents, et qui reporte à l'âge adulte sa décision sur d'autres. Il refusera amour et affection, intimité et caresses. Le petit de l'homme repoussé par ses parents, mal aimé en sort si meurtri, si désespéré qu'il reproduira sans cesse la même situation comme pour prendre à témoin l'humanité de sa misère psychologique. Refouler la tendresse de l'enfance, c'est vider l'être de sa richesse affective. La déesse indienne Kali, créatrice et destructrice de la vie, symbolise bien ce pouvoir contradictoire et tout puissant de la mère. Le scénario n'est qu'une position défensive, un schéma de protection, un système grossier de sécurisation qui laisse percevoir le manque d'amour et de signes de reconnaissance positifs. Le scénario agit comme un filtre déformant la réalité qui ne retient de la vie que ce qui s'accorde avec sa distorison de base. Ainsi, celui qui se dit «ne te mets pas en avant» trouvera sur son chemin cent raisons pour rester dans l'ombre, pour suivre les autres et refuser de s'affirmer. Le scénario établit un compromis entre le droit de vivre et celui d'être heureux. Tout se passe comme si la personne maintient son existence mais renonce au bonheur, elle réduit en elle ses aptitudes à échanger des signes de reconnaissance positifs, à être heureuse et à se reconnaître de la valeur. Tous les scénarios ont en commun le même message «ne sois pas toi-même». Et quand l'avenir est planifié, l'Adulte renonce à le découvrir. Le passé a plus d'importance que les sensations et les pensées vécues dans l'ici et le maintenant. La personne n'attend plus de ses recherches et de ses rencontres, elle ne vit jamais rien de nouveau et se coupe ainsi de tout exercice qui pourrait amener des changements essentiels. L'étroitesse des perspectives, les limitations comportementales, les restrictions des souhaits sont la preuve que l'Adulte, confirmant la décision de l'enfant, modifie ses espérances et les aligne sur des références contraignantes.

Le scénario est une subversion permanente du dynamisme vital. Il crée une stabilité qui est rigidité, une conformité appauvrissante des comportements. Le scénario immobilise le processus d'évolution, fixe la répétitivité de l'histoire en un destin, fragilise l'individu en lui ôtant la flexibilité de ses réponses, inhibe des pans entiers de soi dont la simple évocation constitue une menace. La personne évite, oublie de percevoir certains besoins ou réalités en contradiction avec ce que dicte le scénario. «Les désirs inconscients sont transmis à l'enfant comme des demandes surmoïques rigides et l'enfant échoue à réaliser une identité qui lui permettrait une existence indépendante de sa famille», écrivent Boszormenyi et Framo dans *Psychothérapies familiales,* 1980.

Les scénarios de vie trouvent dans chaque culture des illustrations nombreuses. Les mythes, les légendes, les contes de fées, les histoires extraordinaires constituent un ensemble de récits qui résonnent avec l'imaginaire de chaque personne et lui offrent des exemples vécus de sa propre histoire ou de son destin à venir. Le récit et souvent imaginé, analogique, réduit à une action simple ou chaque personnage a un rôle nettement défini. L'enchaînement des épisodes dupliquent ceux de la vie. Prenons deux exemples: Cendrillon et le Petit Chaperon Rouge.

- Cendrillon. C'est un rôle type de Victime. L'héroïne est constamment soumise aux persécutions de sa mère, ses sœurs et les 12 coups de minuit... Mais comme dans tous jeux, sa position change sur le triangle. Elle est sauvée par sa marraine la fée et par le prince, et prend sa vengeance sur sa famille.
- Le Petit Chaperon Rouge. Cette héroïne envoyée pour sauver sa Mère-Grand, se fait persécuté par le loup avant d'échanger son rôle de Victime contre celui de Persécuteur qui coud des pierres dans le ventre du loup, ultime victoire.

Il est fréquent, qu'à leur insu, les parents assignent des rôles à leurs enfants et ceux-ci les acceptent et les jouent. Dans les services de thérapies, l'on rencontre des Cendrillon martyrisées par un entourage et des Petits Chaperons Rouges égarées dans la vie. Bien souvent ces personnes occupent le rôle de malade officiel de la famille. Ils rassemblent en eux la négativité du groupe, l'absorbent pour que le reste de la cellule familiale puisse se libérer — temporairement — de son maléfice.

« Dans les systèmes pathologiques prédomine la tendance, toujours plus rigidifiée, à répéter d'une façon compulsive les solutions trouvées au service de l'homéostasie », écrit M. Selvini Palazolli et al. dans *Paradoxe et Contre-Paradoxe,* 1979.

Plus gravement une personne peut, hélas, recevoir une telle quantité de messages négatifs que l'issue devient hautement probable. Dans l'exemple suivant, la mère propose à l'enfant le suicide.

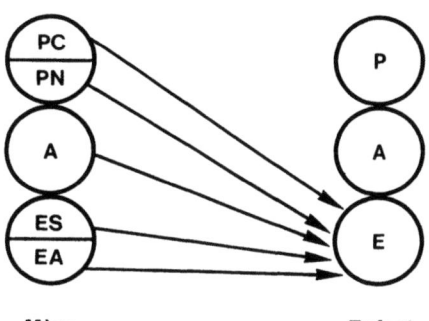

PC⁻. Tu es mauvais, va-t-en.
PN⁻. Tu es une petite chose.
A . Je sais ce qu'il te faudrait.
ES⁻. Je te hais.
EA⁻. Tu es inadaptable.

Une relation aussi massivement négative, réduit le récepteur à l'autodestruction, à l'effacement de soi.

Lâcher son scénario, c'est ôter cette double et contraignante prothèse auditive et visuelle qui empêche de percevoir le monde tel qu'il est : viable, accueillant et gratifiant.

Schéma général du scénario

Le scénario est un plan inconscient d'existence et chaque personne est porteuse du sien. La pensée de Berne et de ses collaborateurs a fluctué sur le point de savoir si toute personne était dotée d'un scénario, gagnant ou perdant ou s'il fallait réserver le terme de scénario aux seuls plans de vie négatifs.

Dans une première analyse, les déterminants du scénario sont les suivants : la suite du texte expliquera le schéma. Les exemples pris seront ceux liés aux scénarios perdants.

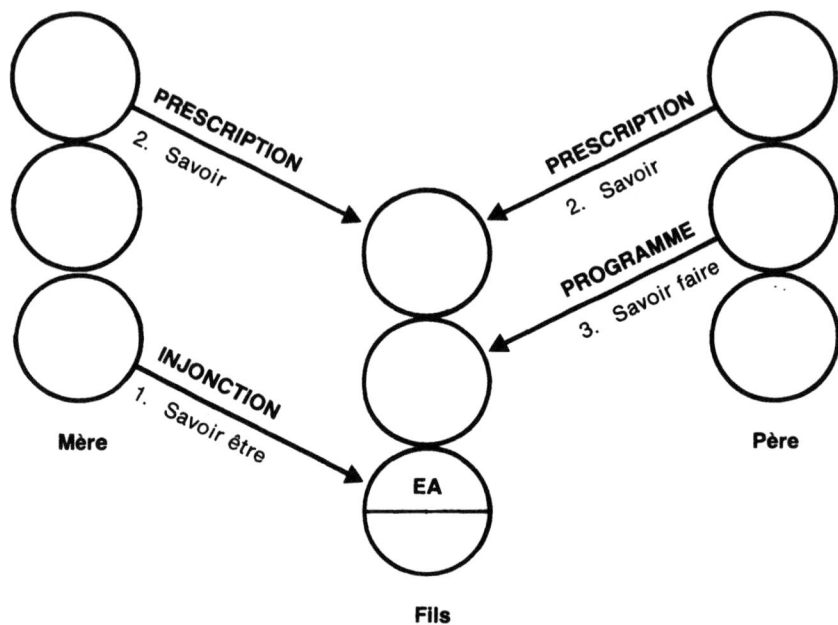

- Les injonctions. Le parent du sexe opposé à l'enfant a, selon Berne, le rôle déterminant dans le positionnement de l'injonction, appelé aussi interdiction. Celle-ci est enregistrée dans l'Enfant Adapté de l'enfant. L'injonction est issue de l'Enfant Fou du parent : de l'ogre ou de la sorcière que chaque parent peut être partiellement pour ses petits. Ces messages négatifs sont perçus à travers les phrases entendues « ne sois pas intime », « ne grandis pas... » ou à travers le comportement non verbal. Rappelons que pour les psychiatres comme Winnicot, l'enfant sait aux contacts corporels, à la manière d'être tenu, s'il est accepté ou rejeté par son entourage.

L'injonction parentale est l'arrêt du scénario, sa pièce maîtresse. Elle va inhiber le caractère spontané de l'enfant, déterminer son savoir-être. Elle dit ce que l'individu n'a pas la permission de faire. L'injonction inhibe la croissance de l'être. Elle diffère grandement de l'inhibition normale de certains comportements de l'enfant, utiles au processus de socialisation.

- Les prescriptions. Ce sont des messages liés aux valeurs des parents, issues du Parent Nourricier négatif qui viennent confirmer, malgré une apparente positivité, les injonctions. Les prescriptions, appelées par Berne les contre-scénarios, apparaissent plus tardivement, au moment où l'enfant commence à obéir aux ordres parentaux, à s'identifier à leur savoir et à leurs idéaux.

T. Kahler a fait un travail remarquable d'étude et de recensement des 5 positions de base, qu'il appelle mini-scénario: sois parfait, presse-toi, fais-moi plaisir, tu peux mieux faire, sois fort. Nous en ferons l'analyse dans un prochain paragraphe.

- Les programmes. Ils montrent à l'enfant comment faire pour obéir aux injonctions et aux prescriptions. Ils constituent le modèle technique, le savoir-faire. Ils proviennent de l'Adulte et vont à l'Adulte.

Les parents jouent auprès de l'enfant de nombreux rôles. Ils sont juges et prophètes — par les injonctions —, savoir autorisé — par les prescriptions —, informateurs modèles et exemples — par les programmes qu'ils proposent. La totalité des éléments que possède l'enfant sont issus de son entourage immédiat et en priorité de son milieu familial. Sous l'influence de ses déterminants, avec les ressources dont il dispose, l'enfant a un certain moment prend une décision qui tient compte des propositions familiales. Cette décision cependant, ne se lit que comme une conséquence inéluctable aux injonctions négatives.

D'autres figures d'autorité, grands-parents, frère ainé, oncles ou instituteurs offrent aussi des modèles, brouillent une image pesante. L'enfant, s'appuyant sur ces influences contradictoires, choisit une ligne de conduite qui n'est pas toujours la plus sombre. A l'évidence, répétons-le, le pire n'est pas dans une vie le plus probable. La décision est dépendante à la fois des directions parentales et des caractéristiques spécifiques à chaque personnalité. A partir de là, des conduites importantes, celles qui font avancer le scénario vont apparaître, elles vont se conjuguer avec les circonstances extérieures, pour constituer le cours de la vie. Selon les aléas des situations rencontrées, la personne va plus ou moins bien actualiser ses positions de base.

Le scénario de vie est un système de restriction qui atténue les probabilités d'apparition de certains échanges. Il exclut de nombreux comportements, limite les choix de la personne, et l'amène à des séquences d'actes répétitifs et stériles. Il diffuse de la redondance et s'oppose à la rencontre fortuite. Inversement, dire qu'une personne est ouverte, c'est dire que ses circuits d'accueil et de réception ne sont pas encombrés par ses propres préoccupations et ses problèmes non résolus. Le scénario exprime un ancrage radical à des éléments profonds d'identification. Il s'analyse comme une structure cohérente et coercitive de personnalité, syllabus de définition de soi et du monde qui se fige et se perpétue parfois en un mythe familial conservateur. Son idéal est une malédiction pour la liberté et la spontanéité de chacun. Il est la matrice de toutes les situations inachevées. En adhérant aux injonctions scénariques, « le comportement dévié de l'enfant peut être un comportement fonctionnel à l'intérieur d'un système familial dysfonctionnel », écrit V. Satir dans *Thérapie du couple et de la famille,* 1971.

Les permissions et les injonctions

Le scénario, plan de vie projeté dans l'enfance, dépend fortement des permissions reçues ou de leur contraire, les injonctions. R. et M. Goulding dans *Progress in Group and Family Therapy*, 1973, ont décrit et classé les permissions essentielles dont dépend le développement de l'individu.

1. « EXISTE, SOIS ». C'est la première et la plus fondamentale des reconnaissances : l'acceptation inconditionnelle d'autrui. Le droit à l'existence est la permission fondatrice à être, à vivre. Et chaque bébé a au plus profond de lui besoin de ces regards, de ces gestes, de ces voix qui lui donnent ce passeport affectif d'autrui dans la vie. A l'inverse, le déni, le rejet prépare les plus redoutables isolements, ceux de l'autisme et de la schizophrénie.

2. « SENS ». Etre conscient de ses sensations corporelles — douleurs, faim, variations de température, toucher — c'est réagir aux impressions internes et aux changements de l'environnement, rechercher, préférer et prendre du plaisir à certains états. L'injonction « ne sens pas » brouille les différences, égalise et rend monotone les informations issues des organes des sens. La personne n'éprouve aucun plaisir à être gourmet, à jouir d'un spectacle plaisant, à écouter un disque, à se faire masser le dos. Les petites satisfactions quotidiennes sont effacées. Parfois le corps est réprimé, brutalisé, soumis, sous quelque prétexte de rigueur et de formation spartiate du caractère.

3. « EXPRIME TES SENTIMENTS ». Selon les moments, les sentiments vécus par l'enfant peuvent être la joie ou la colère, la peine ou la peur. Avoir le droit de vivre ce que l'on éprouve sans biaisage est également une permission importante. Certains de ses sentiments sont reconnus par les figures d'autorité, leur expression autorisée, d'autres sont réprimées. L'Enfant Adapté a compris qu'il

n'a pas la libre disposition de son ressenti, il sélectionne alors ce qui convient à son entourage et réprimera ses autres sentiments. Il y a là d'ailleurs le point de départ des futures rackets.

4. « PENSE ». Le Petit Professeur puis l'Adulte observent, amassent des informations, concluent. L'enfant autorisé à penser et celui à qui l'on reconnaît l'exactitude de ses déductions, qui se voit confirmer la justesse de ses pensées lorsque celles-ci sont conformes à la réalité. Il reçoit le message tu as le droit de te faire ta propre opinion. Inversement, si ses jugements sont sous-estimés, l'enfant déduit que son avis n'est pas pertinent, qu'il n'est pas bon d'avoir une idée, surtout si celle-ci diffère des affirmations péremptoires de ses parents.

5. « SOIS INTIME ». Cette permission aussi est l'une des plus importantes dont l'enfant a besoin pour pouvoir plus tard avoir des amis, des relations sexuelles et familiales chaleureuses. Au contraire, ne sois pas proche, émotionnellement et physiquement, fera que la personne adulte restera à distance, ne s'impliquera pas, ne sera pas capable de vivre des moments d'intense communion. Ses échanges de signes de reconnaissance stagneront en dessous de la moyenne. Elle n'accèdera pas aux échanges d'intimité si riches en possibilités transformatrices.

Ceux qui obéissent à la même décision scénarique « ne sois pas intime » ont entre eux des relations sans joie qui cimentent leurs ententes rigidifiées.

6. « SOIS TOI-MÊME ». C'est vers 3 ans que l'enfant reconnaît son sexe, s'accepte tel qu'il est. Il est essentiel que son identité lui soit confirmée, sexuelle et sociale, ethnique et corporelle. Un enfant qui ressent que certains traits liés à son identité ne sont pas valorisés peut les vivre comme des infirmités, des insuffisances et s'en défendre par la suite.

7. « AIE TON AGE ». Etre petit enfant puis grandir, se voir accepté aux différentes périodes de sa vie donne à chaque moment le sentiment de l'importance du temps présent. Certains parents refusent de voir leurs enfants grandir ou inversement leur disent « ne fais pas l'enfant ». Dans les deux cas, le futur adulte adoptera des comportements conformes. L'un en téléphonant à ses parents pour recevoir quitus de chacune de ses décisions, si minimes soient-elles, le second sérieux et convaincu imitera maladroitement la conduite des aînés avant l'âge.

8. « REUSSIS ». Cette autre permission libère l'énergie vers le succès, éloigne des comportements d'échecs. La personne se donne le droit d'être importante, de mener à bien ses entreprises. Inversement, « échoue » signifie inconsciemment ne fais pas mieux que tes parents, ne dépasse pas leur niveau de compétence ou de modeste ambition.

9. « SOIS BIEN PORTANT ». Cette ultime permission autorise l'être à sa plénitude physique et mentale. Dans certains cas, l'enfant se sacrifie lui-même, perd l'esprit ou tombe malade en lieu et place de ses parents, maintenant ainsi une unité de détresse. Les thérapies familiales ont très bien mis en valeur ce processus de substitution où l'enfant est le symptôme des difficultés de son entourage. Et si l'enfant reçoit beaucoup de caresses durant sa maladie, il conclut que cette situation est la plus génératrice de strokes. Il est le malade mental officiel, le porteur momentané de la « pomme de terre brûlante », celle dont il faut se débarrasser à un moment pour ne pas brûler ses mains et sa vie.

« Une des manières dont nous essayons de résoudre les problèmes légués par nos familles est de les répéter lorsque, devenus adultes, nous fondons nos propres familles », écrivent Napier et Whitaker dans *Le Creuset familial,* 1980, et les auteurs concluent : « Aider la famille à l'individualisation des générations, créer un « sens de l'individu » dans la famille en libérant ses membres des liens qui les enchaînent les uns aux autres ».

Prenons un exemple : un homme de 50 ans, cadre supérieur, hospitalisé à la suite d'un infarctus. Une anamnèse minutieuse de son cas montre que sa mère lui disait « Finis ton travail avant de jouer », « Travaille dur ». L'amour lui a été régulièrement refusé dans sa vie. Il se sentait OK − et les autres OK +. Il fuyait l'intimité et ne faisait pas confiance à ses collaborateurs. Ses deux parents lui ont enseigné les valeurs de sérieux et d'accomplissement d'un milieu aisé. Son père, haut fonctionnaire, lui a montré ce qu'est la compétence, la connaissance des dossiers et l'acharnement sur une œuvre. Les circonstances socialement favorables font que cette personne réussit dans une grande école, est régulièrement promue, se distingue par son dévouement et son sens des responsabilités. Cette personne s'est imposé des restrictions illusoires, à partir de décisions prises dans son enfance pour obéir à un modèle familial, à un moment où la désobéissance était perçue comme une menace. Faire sienne une injonction parentale au lieu d'aller de l'avant, de découvrir soi-même le monde, c'est là le travail du scénario. Aujourd'hui peut-être que cette maladie est une occasion pour faire le point, sortir du scénario, céder un peu sur le plan professionnel pour se rapprocher de ses enfants et de ses amis, mettre plus de talent dans sa vie et moins dans son œuvre.

Son scénario était celui d'un Perdant. Il en est ainsi chaque fois qu'il y a restriction, limitation dans les échanges. Plus une personne a de réponses différentes à la question « qu'est-ce que vous ne vous donnez pas le droit de faire et de penser ? », plus les directives scénariques sont présentes et pressantes. Une personne gagnante est celle qui, dans une relation + +, se rapproche des autres et conserve son autonomie, change et réussit — affectivement ! Elle sait obscurément et avec force que l'existence est joie et intimité, création et accomplissement.

Classification des scénarios

Berne a classé les scénarios en 6 types :

	Symbole	Significations générales
- JAMAIS	Le Petit Chaperon Rouge	Je ne réussirai jamais. Tout est toujours interdit. Je ne demande rien pour moi. Les rôles sont ou Victime avec sentiment de tristesse, ou Sauveteur.
- AVANT	Hercule	Je finis d'abord mon œuvre avant de vivre. D'abord le travail puis le plaisir attendu. Je suis OK si j'aide.
- TOUJOURS	L'araignée	Je dois continuer ce que je fais et cela sans fin. Je suis tenace comme un héros. Ce scénario est le contraire de jamais.
- APRES	Les vieux soldats ne meurent jamais	Le bonheur viendra après cette difficulté, après cette peine. La personne se tue au travail ou à autre chose en attendant une détente qui n'arrivera pas.
- SANS CESSE	Sisyphe	Etre près de tout sans jamais l'atteindre. Puis repartir de zéro, recommencer et échouer à nouveau près du but. La dépression et la culpabilité sont des sentiments éprouvés.
- EN SUSPENS	Philémon et Baucis	Je ne fais pas de projet. Je ne sais ce qui va arriver. Rien ne se conclut.

GRILLE DU SCENARIO	« JAMAIS »	« AVANT »	« TOUJOURS »	« APRÈS »	« SANS CESSE »	« EN SUSPENS »
Les 6 types de scénario (Berne)	Jamais tu n'arriveras à ce que tu souhaites. Tu peux essayer tant que tu veux.	Finis ta tâche avant de vivre. Tu ne peux connaître le bonheur sans douleur préalable.	Tout recommence à l'identique.	Aujourd'hui est peut-être un bon jour mais demain sera un mauvais moment.	Si du moins je ne me leurre pas de nouveau, peut-être que je réussirai cette fois-ci. J'y suis déjà presque parvenu auparavant. Recommence sans cesse et sans y arriver.	Je n'ai aucun projet pour après.
Les 3 styles de vie Le scénario (Steiner)	Mythe: Tantale	Mythe: Hercule	Mythe: Arachné	Mythe: Damoclès	Mythe: Sysiphe	Mythe: Philémon et Baucis
SANS AMOUR Dans l'enfance, l'amour a été régulièrement refusé. Position de «Je ne suis pas OK — Tu es OK». La personne craint l'intimité et de faire confiance. Elle se sent Victime dans les jeux. Le résultat probable est la dépression.	Je puis essayer, je n'arrive jamais à ce que quelqu'un m'aime.	Je travaille dur. Je n'ai pas beaucoup de temps pour jouer. Mon souhait: me faire apprécier.	Je fais des efforts pour être intime mais les autres se détournent de moi. Je suis toujours seul.	Quand je rencontre les autres pour la 1re fois j'y crois, et puis quelque chose rate et, après, je me sens très seul.	Je me retrouve toujours rejeté. Au moment précis où je crois plaire aux autres on me quitte une fois de plus.	Les autres n'ont pas trop l'air de beaucoup m'apprécier mais je ne vais pas me laisser abattre pour autant.

SANS RAISON Les personnes se sentent sans esprit et incapable de décision. Position: «Je ne suis pas OK — Tu n'es pas OK». Les décisions de scénario sont de ne pas être important ou puissant. Le résultat probable est la confusion.	Parfois, la vie semble être de trop pour moi. Je n'arrive pas à faire le tri. Allez comprendre.	Je semble n'atteindre aucun de mes objectifs... Je suis en pleine confusion. Je me sens bloqué jusqu'à ce que je puisse organiser ma pensée.	Je suis rapide. J'aime l'action mais parfois je vais si vite que je deviens complètement confus. Je n'ai pas le temps de penser.	Parfois je me mets à penser juste. Puis je deviens confus et je voudrais bien ne jamais m'être engagé dans ce projet.	A chaque fois que j'arrive au moment où il faut saisir une occasion, je n'arrive pas à me décider.	J'ai toujours pensé que je me ressaisirais quand... Je suis toujours passé au travers.
SANS JOIE Les personnes ignorent les messages de leur corps et leurs sentiments, elles usent de l'alcool, de la nourriture, des médicaments, du tabac, du café... Position de vie: «Je suis OK — Tu n'es pas OK». Les décisions de scénario sont: ne pas sentir, ne pas être intime, ne pas avoir de plaisir. Le résultat probable est la soumission au travail ou à l'alcool.	Mon travail n'est jamais fini. Je suis si occupé que je n'ai pas de temps pour faire ce dont j'ai vraiment envie. Si je me sens un peu fatigué, je bois un coup ou je fume et ça me détend, et je puis encore travailler un peu. Je ne vois pas de changement en vue.	J'ai déjà accompli pas mal de choses. Je travaille dur et je suis efficace. Après toute une journée de travail j'ai bien droit à une petite détente: repas, alcool, tabac. Un jour ou l'autre je cesserai tout cela.	Oui, je travaille trop, mais je savais que ce serait comme ça quand j'ai décidé de m'orienter dans cette voie. Je continue.	J'ai toujours travaillé dur. J'ai eu pas mal de bon temps, mais j'ai toujours dû le payer après.	J'ai travaillé dur pour réussir et encore une fois tout est foutu par terre. Je me sens vidé.	Je travaille dur en espérant que tout se terminera bien. Je prends un petit verre en attendant.

C. Steiner à son tour a classé les scénarios en 3 types :

- SANS ESPRIT. Ne pense pas est l'injonction entendue. La personne ne fait pas fonctionner son Adulte, elle est confuse et perd même la raison. La dépression est l'issue habituelle.

- SANS AMOUR. N'existe pas ou ne ressens rien ont été des injonctions. La personne ne reçoit rien d'autrui. Rien ne vient combler son vide intérieur. Le suicide peut venir conclure le vide affectif de l'existence.

- SANS JOIE. Ne ressens rien est l'injonction. La personne ne tire aucune gratification de ce qu'elle fait ou éprouve. Elle peut s'adonner aux drogues douces ou fortes mais tout cela sans plaisir.

Ces deux classifications se complètent et nous donnent le tableau précédent dans lequel nous avons volontairement cité un exemple. Le scénario atteint les niveaux profonds de personnalité, il est l'unité, l'ordre signifiant de l'être, au-delà des superstructures des conduites variées et parfois incohérentes pour l'observateur. Celles-ci ne se comprennent et ne s'expliquent qu'en référence à ce plan directeur qu'est le scénario de vie.

Notre corps est une scène sur laquelle se projette notre conception de nous-mêmes, où les registres du symbolique et de l'imaginaire construisent des formes permanentes et fugitives, un lieu d'analyse qui permet une approche conjuguée sur le plan cognitif, émotionnel. Dans *AT et bio-énergie*, 1981, M. Fourcade et V. Lenhardt tentent un rapprochement utile de ces courants qu'ils réunissent sous le concept de « bio-scénario ».

Le message du T-shirt

Le dire précède le parler. La communication commence par la présence d'autrui. Le bébé et l'animal savent lire sans ambiguïté nos sentiments et nos intentions à travers notre comportement non verbal qui transparaît dans notre attitude corporelle, nos gestes, nos mimiques, nos regards et notre voix. Avec l'aide de son Petit Professeur, chacun envoie aux autres un message qui l'invite à un type particulier de transactions. Cette émission est semblable à l'exposition d'un slogan sur un chemisier, appelé T-shirt. Chacun affiche, parfois à son insu et à d'autres moments d'une manière provocante, son identité face aux autres. Et le Petit Professeur de notre interlocuteur capte et sait déchiffrer ces mots et ces vibrations. Les messages émis sont très variés, ils peuvent résumer le scénario, exprimer la dominante

de l'égogramme, indiquer la position de vie, préciser le rôle dominant des jeux, afficher le racket, inviter ou repousser, enfin être différents selon les endroits et les gens rencontrés. Une personne apprend à reconnaître son T-shirt lorsqu'elle entend sur elle-même le même type de remarques par des personnes bien différentes ou qu'elle se trouve comparée toujours au même animal ou personnage. Prenons quelques exemples :
- Une Victime a l'air confus, la tête inclinée, les épaules en dedans, ses yeux implorent et le T-shirt porte «je suis faible».
- Un Persécuteur affiche «je suis un dur» et il serre les dents, bloque sa mâchoire, se tient de haut, l'air provocant, le regard défiant.
- Un Sauveteur, éternel sourire, chaleureux et doux dans ses expressions, l'air intéressé affichera «confiez-vous à moi».
- Un enfant spontané, l'œil vif, prêt à s'esclaffer, mobile et parlant haut, affichera «rions ensemble».

Mais comme sur certains T-shirt, une 2e inscription parfois différente de la 1re peut être inscrite sur le dos. Elle dit comment la relation risque de se terminer. Et le «je suis si faible» peut avoir pour suite «mais je vous achèverai». Et le «je suis dur» peut dire enfin «attention ne me bousculez pas».

Un service hospitalier comme un individu peut avoir son T-shirt. Sur la porte, il apparaît «vous serez bien ici» et... au fond du couloir, le malade lit «à condition d'être soumis».

C. Les mini-scénarios

Nous avons vu que dans la matrice du scénario de vie que les parents envoient trois messages différents à l'enfant :
- les injonctions à l'Enfant Adapté ;
- le programme à l'Adulte ;
- les prescriptions au Parent Nourricier.

Le mini-scénario est le terme qui résume le mécanisme des prescriptions.

Les prescriptions

Les prescriptions sont issues du Parent Nourricier des figures d'autorité et adressées comme des règles à observer au Parent Nourricier de l'enfant. Le bénéfice pour l'enfant est différent selon qu'il reçoit la prescription du

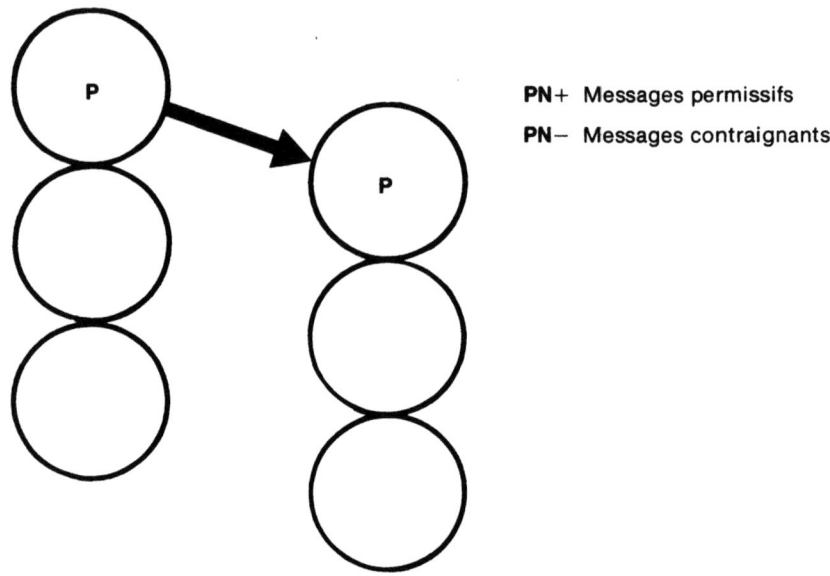

PN+ Messages permissifs
PN− Messages contraignants

Les prescriptions — appelées aussi contre-scénarios — sont moins puissantes que les injonctions, donc le fait de s'y soumettre, n'entraîne pas un changement dans la détermination du plan de vie. Un perdant se dit, sous l'influence de ses prescriptions, je vais essayer de m'améliorer sans cesse pour être accepté... mais ultimement son injonction lui confirme qu'il n'y réussira pas.

T. Kahler — qui a reçu le prix E. Berne pour ce travail en 1977 — et H. Capers ont proposé un schéma d'analyse du mécanisme des prescriptions, appelé mini-scénario. Celui-ci se décrit comme une séquence de comportement vécu en quelques secondes qui renforce le plan de vie.

Le fonctionnement du mini-scénario

Le mini-scénario se déroule suivant une séquence stéréotypée en 4 temps qui est vécue soit sous la forme d'un dialogue intérieur, soit sous la forme d'un comportement observable. Analysons le mini-scénario non OK :

1. La personne sous l'influence de son message contraignant se dit « je serai OK si ... ! ». L'Enfant interroge son Parent pour pouvoir être OK et recevoir des signes de reconnaissance; il reçoit en retour un message contraignant — ou prescription — il obéit à un Parent

Nourricier — sauveteur — véritable force motrice — qui offre une aide illusoire pour sortir de son état non OK.

2. Elle reçoit alors un message inhibiteur qui freine son initiative d'Enfant Adapté. Elle se trouve alors dans une position de vie − + et tente par son action de se soustraire à son sentiment négatif de dépression, culpabilité ou inquiétude.

3. L'Enfant Adapté a maintenant le choix entre :
- la rébellion : la personne pense avec colère ou dépit, je suis OK malgré tout, et non les autres, position + − ;
- la soumission : dialogue intérieur « ah ! si cette fois-ci je réussissais ! ».

4. Le bénéfice final négatif : échec. Dans cette position − −, la personne se dit dans son Enfant Adapté « je savais que je n'y arriverais pas » et son Parent Nourricier − dit « ce n'est rien, une autre fois tu recommenceras ». Elle ressent impuissance, manque d'amour, rejet, désespoir.

La formule du mini-scénario non OK s'écrit :

1.Message contraignant → 2.Message inhibiteur   3.Rébellion/Soumission   4.Bénéfice
   si... + +   − +   + −   − −

Sa représentation graphique est le triangle suivant :

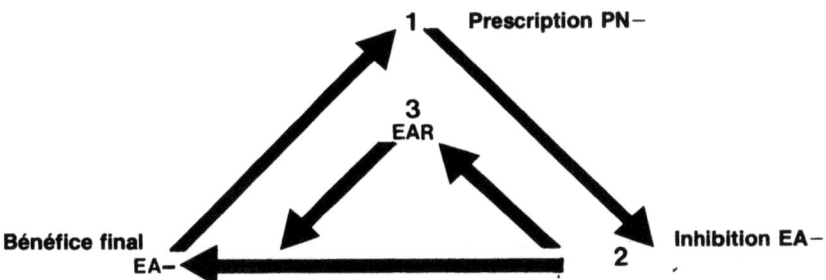

A la longue, et par sa répétitivité, la personne ne sort pas de son scénario OK −, elle s'y enfonce. Elle tire les mêmes bénéfices négatifs d'un jeu, mais sans nécessairement la présence d'autrui et souvent plus vite.

Tableau du mini-scénario

L'analyse des prescriptions montre que celles-ci sont au nombre de 5 :

- Sois parfait   →   invitation à la perfection.

- Fais effort → invitation à se débattre.
- Presse-toi → invitation à se dépêcher.
- Fais-moi plaisir → invitation à rechercher l'approbation des autres.
- Sois fort → invitation à contraindre ses sentiments.

A chaque fois, une méconnaissance interne accompagne le message contraignant.

Prenons l'exemple de Sois parfait. La séquence de comportement peut se décrire de 2 manières en terme d'analyse ou de ressentiment personnel :

1. Prescription → 2. Inhibition → 3. EAR− → 4. Bénéfice final (− −)
1. Sois parfait   2. Ne réussis pas   3. Défit   4. Retrait, tristesse
                                             Confusion
1. Etre toujours   2. Tu n'y arriveras   3. Je vous   4. Je me retire.
   le 1er   pas   embrouille   Aller là ou ailleurs

Le tableau suivant, p. 141, permet d'identifier les caractéristiques comportementales du mini-scénario.

Les prescriptions sont corrélées aux 6 scénarios de Berne. Le tableau suivant reprend les alliances les plus fréquentes.

	Sois parfait	Fais effort	Presse-toi	Fais-moi plaisir	Sois fort
Jamais		+			
Toujours	+		+		+
Avant	+				
Après				+	
Sans cesse			+	+	
En suspens		+			

Lacher son mini-scénario non OK

Le mini-scénario OK comprend également 4 parties qui sont :
- le message permissif issu du Parent Nourricier + ;
- le message renforçant de l'Enfant Spontané ;
- la confirmation par l'Enfant Spontané ;
- le sentiment fondamental d'être bien.

Il importe pour la personne qui veut abandonner son mini scénario non OK de recevoir des permissions — du Parent Nourricer+ — qui soient l'antidote des messages contraignants :

LES POSITIONS DE VIE ET LEURS CONSEQUENCES

Messages contraignants	Méconnaissance interne	Vocabulaire	Comportement non verbal			
			Ton	Gestes	Attitudes	Mimiques
1. « Sois parfait »	« Tu devrais mieux faire »	« Evidemment » « Bien sûr » « Efficace » « Il est clair » « Sans importance »	Pincé Vertueux Strident	Pointer ou compter sur ses doigts, se gratter la tête	Droit Raide	Sévère Hautaine
2. « Fais effort »	« Tu dois faire plus d'efforts »	« C'est dur » « Je n'y arrive pas » « J'essaierai » « Je cherche »	Impatient Râleur	Hachés, poings croisés	Assis en avant, coudes aux genoux, estomac serré, épaules tendues	Visage froncé, regard perplexe
3. « Fais-moi plaisir »	« Tu n'es pas assez bon »	« N'est-ce pas ? » « Pourriez-vous ? » « Pouvez-vous ? » « C'est gentil, ah ! oui »	Aigu Geignard Implorant	Mains en avant, cou tendu	Hochements de tête	Sourcils levés, regarder ailleurs
4. « Dépêche-toi »	« Tu n'y arriveras pas »	« Abrégeons, vite » « Oui, oui, alors ! »	Montant et descendant Rapide	Se tortiller, pianoter	Démangeaisons, sourcils froncés.	Mouvements rapides des yeux
5. « Sois fort »	« Cache-leur ta faiblesse »	« Pas de commentaire » « Peu m'importe » « Tu m'agaces »	Dur Monotone	Mains rigides, bras croisés	Compassé, jambes croisées	Impassible Dure Froide

1. Pour « sois parfait » → c'est OK de ne pas accomplir des performances pour tout.
2. Pour « fais effort » → c'est OK de terminer et de réussir.
3. Pour « presse-toi » → c'est OK de vivre maintenant, ici.
4. Pour « fais-moi plaisir » → c'est OK de s'occuper de soi et de ses propres besoins, d'être responsable de soi.
5. Pour « sois fort » → c'est OK d'être ouvert, de s'approcher, d'exprimer des sentiments.

La compréhension du mécanisme du mini-scénario par l'Adulte est une première étape qui réduit l'automaticité de fonctionnement de cette séquence.

Parallèlement, la personne a besoin d'avoir la permission de désobéir aux injonctions scénariques, de retrouver d'autres messages renforçants positifs dans ce qu'elle a reçu, d'activer les impératifs « sois » au lieu de « ne sois pas ». Elle découvre alors des sentiments et impressions mal connus jusque-là: soulagement, détente, plaisir, énergie.

Le scénario de l'institution

Peut-on parler d'un scénario spécifique à une institution, un centre hospitalier? Dans ce domaine, les études sont encore assez fragmentaires. A un niveau plus restreint, il semble que certaines injonctions et prescriptions soient entendues dans un service.

Un service peut tout comme un parent agir comme figure d'autorité et pousser son personnel à obéir à des injonctions limitatives. En mettant en parallèle les injonctions classiques des scénarios et les messages contraignants qui en découlent pour le personnel, nous pouvons percevoir la demande négative de certaines organisations. Citons quelques exemples:

Injonctions et prescriptions →Messages reçus par le personnel
- Les besoins du service d'abord - Rendre service
- Un travail parfait - Toi ensuite
- Pas de plaisir - Travailler encore
- N'exprime pas tes sentiments - Sois fort
- Et encore! - Fais vite
- Ne sois pas satisfait - Encore plus d'effort

Ainsi, dans un tel service chacun s'active. Comme Sisyphe, presque gagnant, le personnel travaille, recommence, persévère et n'atteint que rarement la plénitude de la satisfaction. A la fin de chaque période, lorsqu'il fait le point, chacun a le vague sentiment d'avoir donné le meilleur de lui-même, mais le Parent Critique de l'organisation n'autorise aucun plaisir, aucune joie de l'œuvre accomplie. Règles rigides, tensions nerveuses, réussites imparfaites, de là certains se découragent et quittent le service, d'autres s'accrochent ou ne font juste que ce qu'il faut pour ne pas avoir d'histoire.

Chaque service et organisation soulage ses tensions permanentes lorsqu'il clarifie ses règles de fonctionnement, précise ses valeurs, dégage son personnel de l'obéissance aux injonctions scénariques. Pouvoir atteindre des objectifs réalistes, agir avec compétence et éprouver de la joie, libère les énergies au lieu de les asservir à l'obéissance de normes contraignantes, persécutrices et stériles. « Un système rigide, écrit P. Watzlawick dans *l'Interaction,* 1981, ne possède pas de règles lui permettant de changer de règles. »

D. L'issue des scénarios: les redécisions

Les obligations scénariques sont si pesantes que l'adulte ne peut que rarement prendre tout seul la redécision de se débarrasser de ses contraintes. Faire face aux messages inhibiteurs, abandonner l'obéissance aux ordres parentaux, changer ses interdictions en permissions, cette tâche difficile est possible avec un thérapeute. Celui-ci peut être un professionnel ou un ami, qui a fonction de médiateur, il tient à nouveau le rôle originel de la mère et à partir de la réussite de la relation avec lui, l'échange ouvre sur d'autres rencontres. Rappelons cette chaude affirmation de Rogers «toute relation humaine réussie est en soi thérapeutique». Retrouver le plein usage de soi-même, disposer d'une plus vaste gamme d'options, échanger plus de caresses dans des relations d'intimité, peut résumer toute guérison. Pour cela, la personne en situation d'aide a besoin de sentir près d'elle un être qui peut tout à la fois offrir Permission, Protection et Puissance. Celui qui souhaite changer est au fond de lui-même un petit être sans défense et «pour un enfant apeuré, il est terrifiant de s'enfoncer en territoire inconnu, de prendre des risques, de se rebeller, d'affronter une injonction parentale. Il faut incorporer un OK venant de quelqu'un de plus grand que soi pour apprendre à s'aimer soi-même» écrit P. Crossman dans son article *Permission et Protection,* 1976, 14e Congrès de I.T.A.A., San Francisco.

Peu à peu, la personne se détache de son scénario en expérimentant d'autres permissions selon un ordre progressif. Selon les cas, selon ses déficits, la personne a besoin d'une ou de plusieurs Permissions. Il est convenable alors qu'elle reçoive la plus précoce en premier, par exemple « Existe » avant « Pense ». Plusieurs techniques sont possibles, variables selon les styles thérapeutiques, pour obtenir les Permissions. Citons : les sessions de Permission de Steiner, l'Entraînement Perceptif des Gestaltistes, le Bio-feedback, les Thérapies Corporelles ou les Expériences-sommets. Dans tous les cas la présence chaleureuse et la compétence du thérapeute sont déterminantes. Celui-ci aura aussi à offrir Protection et Puissance aux moments transitoires où le patient désespère, perd ses béquilles antérieures et n'a pas encore trouvé une nouvelle existence pleine de sens. L'Enfant du patient accepte de désobéir aux injonctions lorsqu'il sent le personnel soignant meilleur, plus fort et plus efficace que ses propres parents. La Protection est vécue comme le droit à la désobéissance, sans dommage, punition ou rejet. Un Parent Nourricier interne prendra la place du Parent Critique destructeur de caresses. A partir de là, la personne peut se donner la redécision de rompre avec son passé agissant et de s'ouvrir à d'autres modes relationnels. J. Schiff utilise une technique différente mais dans un esprit semblable pour le traitement des schizophrènes : le raparentage. Le patient est peu à peu encouragé à faire ce dont il a besoin et son Enfant sait toujours trouver une issue.

Rappelons que l'AT est essentiellement une méthode thérapeutique contractuelle et décisionnelle. Toute personne peut innover, expérimenter une solution à ses propres problèmes à partir du travail de son Adulte et en sollicitant les autres états du Moi.

Après avoir accompli son scénario, l'avoir détruit ou partiellement vécu, la personne qui s'en est débarrassé, accède à une vie pleine. Elle perd son insularité captive, ses dévalorisations répétées, ses engagements stéréotypés. Alors l'existence change de significations. Une personne en bonne santé est toujours sous la poussée de sa croissance. Nous développerons ce point dans le dernier chapitre.

6. Les communications biaisées

Lorsque l'intimité, l'authenticité ne sont pas accessibles à la personne, celle-ci pour recevoir des signes de reconnaissance, même négatifs, pour justifier une position de vie non OK :
- éprouve des sentiments-parasites, ou rackets émotionnels ;
- collectionne des timbres ou émotions toujours semblables ;
- s'adonne à des jeux psychologiques.

Dans les trois cas, le bénéfice est négatif. Les rackets et les timbres ne nécessitent pas de partenaire, celui-ci est indispensable dans les jeux. L'enfant fait l'expérience de très nombreux comportements avant d'opter pour ceux qui sont familialement préférés et qui lui donnent par la même le plus de chance d'être reconnu. Son Petit Professeur lui indique très vite ce qu'il doit ressentir pour être accepté par son entourage. Plus tard, alors que les personnes et les lieux sont différents, la personne n'en continue pas moins à répéter ses sentiments archaïques bien connus mais sans relation avec le présent.

A. Les rackets émotionnels et la collection de timbres

Une émotion exprimée peut être ressentie au présent, être substitutive d'une autre émotion ou être reliée à une situation passée. Soit :
- l'émotion ressentie = l'émotion exprimée → réponse appropriée ;
- l'émotion ressentie est identique à celle éprouvée dans une situation du passé → élastique ;
- l'émotion ressentie se travestit en une autre ou rackets émotionnels.

Dans le premier cas, l'identité entre ce qui est éprouvé et exprimé fait l'adaptation. L'Enfant Spontané est le plus concerné. Mais bien souvent, la relation familiale contraint l'enfant à masquer certaines émotions, à réduire l'intensité d'aspects particuliers. Peu à peu l'enfant comprend que tous les sentiments ou les émotions ne sont pas également tolérés. Il apprend à substituer le sentiment permis à ceux qu'il doit taire. Et le sentiment admis va prendre la place des autres, augmenter sa fréquence d'apparition, devenir un mot familier de la personne. Elle dira « oh ! moi, je suis toujours fatiguée ou en colère ou... joyeuse ». Le schéma est le suivant :

1ᵉʳ TEMPS

Emotion ou sentiment

Ressenti ──────────────────────► Exprimé

Si :   **Barrage**

Joie ────────► |

Peine ────────► |

Fatigue ──────────────────────► Fatigue

Colère ────────► |

Tristesse ────────► |

2ᵉ TEMPS

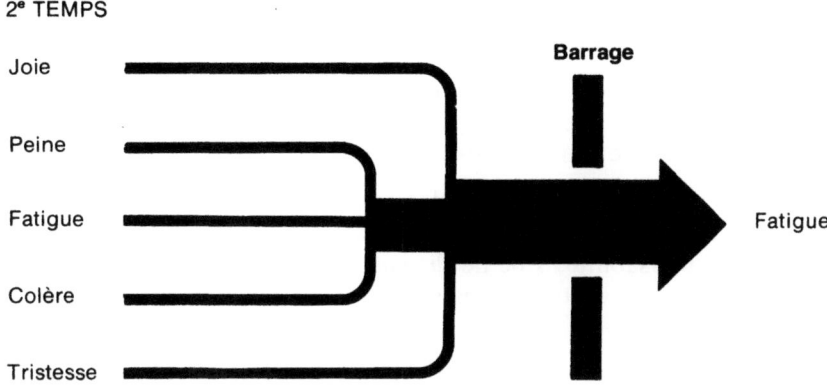

Dans cet exemple, la fatigue n'exprime plus seulement elle-même, mais aussi des émotions bien différentes qui ont été détournées, racketées, vers une autre forme expressive, celle qui a été finalement admise. Ainsi, « un sentiment peut toujours en cacher un autre ! » Ce sentiment de substitution a été retenu lorsque l'Enfant Adapté a compris que c'est par ce biais qu'il pouvait recevoir des caresses psychologiques. Le sentiment parasite était dans l'enfance le plus récompensé. Alors le petit enfant méconnaît ses autres sentiments et les refuse. Le personnel hospitalier est en permanence confronté avec les rackets des malades. Il lui appartient de se sensibiliser à les mettre à jour. Un sentiment parasite se reconnaît à sa répétition intempestive à sa haute fréquence. Il maintient la personne dans l'illusion que pour recevoir l'attention des autres, il n'y a qu'une issue : le sentiment que les figures d'autorité ont permis et caressés dans l'enfance. Le mécanisme des rackets fait comprendre que :

- La personne n'est pas libre de vivre dans le présent et qu'elle continue à réactiver des situations anciennes non résolues.

- Satisfaire les sentiments-parasites n'apaise pas la personne puisque la vraie demande est ailleurs. Et cet échec va donner naissance à l'apparition des jeux psychologiques.

- Chaque personne éprouve ses sentiments familiers, ceux qui lui ressemblent. Et si certains sentiments sont manifestés, d'autres sentiments sont toujours inhibés. Dans une situation identique faisant problème, par exemple, se trouver bloquer dans un embouteillage, l'une éprouve de la colère, l'autre de l'inquiétude, une 3ᵉ de la tristesse et une 4ᵉ du plaisir à écouter à l'arrêt une cassette de Bach. Beaucoup penseront à tort que dans les voitures voisines les autres personnes ressentent des impressions identiques et que la même situation autorise les mêmes sentiments.

- Notre environnement, physique ou social, n'est pas responsable de nos sentiments. Rendre les autres, causes ou coupables de nos sentiments, est une illusion fausse et tenace.

La personne qui éprouve peu de sentiments parasites est celle qui ressent la réalité de ses émotions dans son Enfant Spontané et qui en prend la responsabilité. Elle ne dit pas «tu m'as mise en colère» ou «je pleure à cause de toi...» mais «je suis en colère» ou «j'éprouve de la peine».

Les sentiments les plus fréquemment éprouvés se collectionnent. Ainsi, telle personne tout au long de sa journée ressent des colères successives, en préparant son café, dans sa voiture, à l'hôpital, dans le trajet du retour, avec ses enfants ou devant sa télévision. Elle dit à qui veut l'entendre que ses émotions répétées et cumulées — appelées timbres par analogie avec les bons cadeaux offerts aux clients lors des achats — sont à la charge de son entourage. Ces bons cadeaux désignent des émotions privilégiées de l'enfance que la personne, devenue adulte, s'arrange à ressentir souvent en provoquant à l'insu d'elle-même et des autres, les situations qui les favorisent. Les émotions et sentiments accumulables sont très variées, les plus usuels sont la colère, l'anxiété, le ressentiment, la peur, la dépression, voire la joie.

Les sentiments interdits d'une manière répétée occasionnent l'apparition des rackets et alimentent la répétition du même type de sentiment. Ils favorisent aussi les jeux qui sont des relations d'échec. Soit:

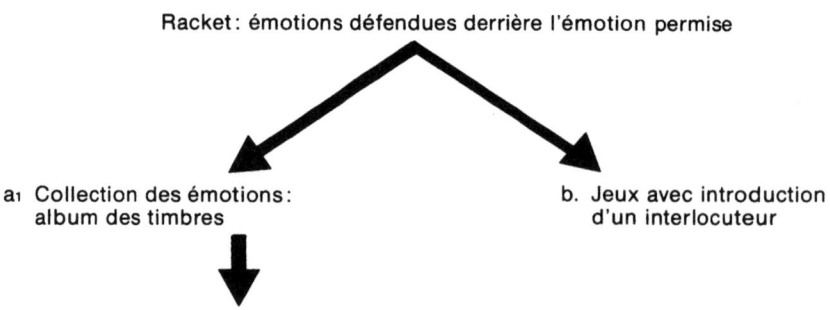

Nous devons à F. English un travail d'explicitation des mécanismes des sentiments parasites. Elle montre comment ceux-ci entraînent une restriction de la variété et une ignorance profonde de certaines émotions. C'est dans l'enfance que se trouve le début des collections. Le sentiment permis, admis familialement a été l'issue expressive des autres sentiments. Il est devenu comme un fleuve grossi de ses confluents. Réduire son apparition consiste à s'ouvrir aux autres sentiments. Ainsi le colérique réduit son comportement répétitif lorsqu'il s'autorise aussi à éprouver d'autres sentiments qui lui sont moins connus: la peur, la tristesse, la joie ou la culpabilité.

Mais que faire de ses timbres ou sentiments négatifs accumulés? les ressentiments accumulés se soldent en justifiant un comportement: rater un examen, perdre sa place, divorcer, se ruiner. Tel est le cas lorsque les sentiments négatifs accumulés sont nombreux et stockés pendant des semaines et des années dans des tiroirs secrets. Pour éviter d'en arriver là, il est préférable de liquider ses timbres au fur et à mesure. Rater une composition, se faire réprimander pour un travail mal exécuté, se disputer avec son conjoint, ou faire une mauvaise opération financière est moins coûteux que les exemples précédents. Attendre des années pour se faire rembourser ses timbres est souvent lourd de conséquences. Le jour du remboursement la personne dit «ça suffit ainsi», «maintenant j'en ai assez» ou «trop, c'est trop, le vase déborde». Elle échange alors sa collection soit contre la personne qu'elle considère comme à l'origine de son accumulation, soit contre un étranger innocent, rencontré par hasard. Une personne qui a une position de vie OK+ OK+ n'attend pas pour liquider ses timbres, elle les oblitère régulièrement, ce qui supprime leur valeur. Elle collectionne par contre des sentiments positifs qu'elle échange contre un cadeau encore plus beau. Le personnel soignant peut aider ses clients à transformer ce système d'accumulation des émotions. Et ceci de plusieurs façons:
- Faire prendre conscience à chacun de ses collections en cours.
- L'aider à les liquider dans un climat sécurisant et permissif.
- Lui donner l'occasion d'éprouver ses sentiments interdits.
- Lui apprendre d'autres comportements plus satisfaisants, plus gratifiants, élargir par là même son clavier de réponses.

B. Les jeux psychologiques

Les jeux psychologiques sont une manière de passer le temps où les interlocuteurs reçoivent des signes de reconnaissance négatifs. La

fréquence de ces comportements dans les relations humaines est telle qu'il importe à chacun de bien en comprendre les finalités et les mécanismes. Le médecin ou l'administrateur, l'aide-soignante ou le malade chacun a dans sa journée l'occasion de jouer en usant d'un répertoire connu et répétitif. Nous analysons 5 aspects complémentaires de ces relations piégées :
- Définition et raison d'être des jeux.
- Le triangle dramatique et les 3 positions de base d'un jeu.
- Quelques jeux fréquents et leur identification.
- Le mécanisme du jeu.
- La sortie des jeux.

Définition et raison d'être des jeux

Se faire reconnaître et recevoir des caresses psychologiques... Chacun en est toujours là. Et pour les démunis qui ne peuvent accéder à l'intimité, le jeu est préférable au silence d'autrui. Les jeux n'ont rien d'amusant, ils servent à atténuer les méfaits d'une position de vie non OK. Mais la médiocrité des caresses reçues pousse le joueur à renouveler ses transactions piégées avec d'autant plus d'insistance que sa satisfaction est faible. Le jeu est un système où l'on grapille, extorque ou marchande des caresses. L'un se contente de quelques mots, un autre propose toujours ses services de sauveteur et un troisième donne avec parcimonie. Dans un milieu nourricier où les personnes rient et se parlent, chacun a son compte, n'use pas d'un filtre pour rejeter les strokes offerts, ne présente pas trop de demandes avides et pressantes. C'est l'absence de ces échanges positifs précoces remplacée par une programmation scénarique qui ont préparé ces activités substitutives que sont les jeux psychologiques. Ceux-ci sont des mécanismes de survie qui pallient le déficit de caresses. En fait, les personnes jouent des jeux pour plusieurs raisons qui se complètent :
- Pour structurer le temps lorsqu'elles ne peuvent accéder à l'intimité. Elles retiennent autrui tout en entravant l'intimité et en gardant la distance.
- Pour recevoir de l'attention. Dans les premiers échanges du jeu, les attentions sont positives, et toujours négatives dans le dénouement. Un jeu produit parfois nombre d'attentions positives dans les phases initiales.
- Pour maintenir un sentiment parasite.
- Pour garder les autres autour de soi quand les stimulations provenant du racket tirent à leur fin.

- Pour confirmer les injonctions parentales et de là avancer son scénario.
- Pour maintenir la position de vie non OK en prouvant que soi-même ou/et les autres ne valent rien.
- Pour rendre prévisible le comportement des gens. Par exemple pour éviter l'intimité sexuelle sans perdre l'estime de soi.

Plus la personne a été précocement atteinte, plus ses appels au secours débutent tôt. La psychiatrie de l'enfant est le champ de rencontre des dénis les plus massifs : méconnaissance du petit être, absence totale d'acceptation et de caresses. Certes, l'anormalité est toujours définie en référence à une culture et à un moment de l'histoire. Mais si l'on met à part les causes organiques des déviances personnelles et sociales, la personne incapable de travailler et d'aimer, d'accéder à l'autonomie et à l'intimité, est celle qui n'a pas été comblée par son environnement. Elle est atteinte de ce que Balint appelle « le défaut fondamental », titre du livre, tr. 1971, « son origine, écrit-il, peut être ramené à l'existence d'une disproportion considérable entre les besoins psycho-physiologiques d'un sujet au cours des phases précoces de son développement et les soins, l'attention et l'affection dont il a disposé à cette même époque, tant sur le plan matériel qu'affectif. Il en résulte un état de carence dont les conséquences et les effets après coup semblent n'être que partiellement réversibles ». Le sujet se détruit, confirme sa malédiction, s'engage, selon les circonstances, dans la folie ou la délinquance. Les sociopathies ne sont que les réécritures successives d'une même histoire dont l'origine est le manque d'acceptation inconditionnelle de l'être.

Soigner c'est prendre soin, se faire du souci pour, se préoccuper d'autrui, tel est le sens de *to care,* autour de cette sémantique s'articule tout le projet thérapeutique. Guérir, c'est libérer la personne dans ses relations piégées à des modèles répressifs et contraignants, c'est couper les messages destructeurs qui continuent à lui parvenir, c'est ouvrir vers un univers créatif et joyeux « soigner, c'est libérer ses capacités » écrit M. Fr. Collière dans *Promouvoir la vie*, 1982. Alors les êtres se rencontrent et s'acceptent dans leur différence et leur identité, les projets se réalisent dans une vie qui se continue sous des applaudissements.

Le triangle dramatique et les trois positions de base d'un jeu

Dans un jeu psychologique, chaque participant dispose de 3 rôles fondamentaux : le Persécuteur, le Sauveteur et la Victime. Ces positions s'écrivent avec des majuscules pour les distinguer des situations réelles. S. Karpmann a remarquablement décrit les échanges qui s'établissent à partir de son Triangle Dramatique :

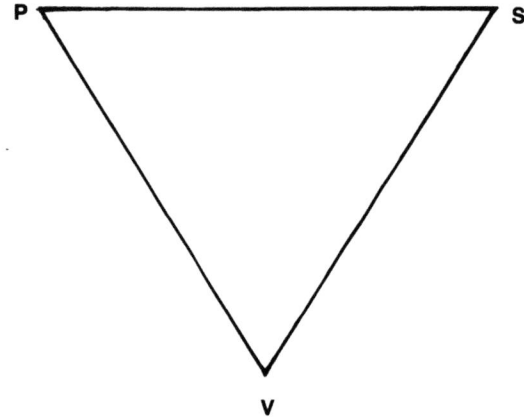

Le Persécuteur, en position + −, propose un perfectionnisme irréaliste, exige au-delà du possible, établit des normes dures. Il guette la faute ce qui lui permet d'afficher ses supériorités voire de réprimer avec une brutalité excessive.

La Victime ne tient ni à renoncer à son rôle, ni à résoudre ses problèmes. Elle se confirme sa position à travers la variété des situations, les changements de lieux et de partenaire. Sous des aspects multiples, la Victime maintient sa confusion, oublie, se plaint sans résoudre son cas, lance des demandes d'aide dont elle ne tient pas compte. C'est l'Enfant Adapté qui est le tacticien dans les jeux, qui repère les situations et les lieux, les personnes et les signaux qui lui donnent l'occasion d'amorcer. La Victime se sent coupable de certains comportements mais elle ne fera rien pour changer.

Le Sauveteur est celui qui fallacieusement veut se rendre utile pour maintenir autrui dans sa dépendance. Il use beaucoup de son Parent Nourricier, il surprotège, en fait verbalement trop mais ne tente rien de précis pour aider la Victime à sortir de sa position, il donne l'illusion du soutien, il se sent menacé et s'aigrit lorsque sa Victime peut devenir autonome.

Un jeu débute à partir de l'activation de n'importe quelle position : un Enfant Adapté – pour la Victime qui amorce autrui pour recevoir un coup de pied, un Parent Critique qui guette sa Victime pour la surprendre en flagrant délit d'incapacité ou de faiblesse, un Sauveteur qui propose à une Victime une aide non demandée et inefficace.

Ce qui caractérise un jeu, c'est le retournement fréquent des rôles. La Victime peut devenir à son tour Persécuteur et le Sauveteur Victime. Un joueur n'interprète pas toujours son comportement comme l'aurait fait son entourage. Une infirmière qui se sent Victime peut agir en tant que Persécuteur par rapport aux figures d'autorité dans son service en refusant des gardes ou en critiquant toutes les pratiques.

Dans leurs rôles fondamentaux :
- le Persécuteur dit :   Je suis meilleur que toi
- le Sauveteur dit :   Je sais mieux que toi, incompétent
- la Victime dit :   Je ne suis bon à rien.

En changeant de position, une personne reçoit de nouveaux signes de reconnaissance et souvent elle relance les jeux. Par exemple, lorsqu'une personne se fatigue de compatir aux plaintes d'un Enfant Adapté Victime, celle-ci se transforme en Persécuteur et reproche à l'autre son indifférence.

Quel rôle est joué ?

Dans l'exemple suivant, les personnages passent alternativement du rôle de Persécuteur à celui de Victime, puis de Sauveteur. En lisant chaque phrase, identifiez le rôle qui est joué.

1. Guy (économe, fait des reproches à son assistant administratif) : « Henri, pourquoi avez-vous commandé ces serviettes hors de prix ? Vous savez que c'est un gaspillage d'argent ».
   —— Persécuteur —— Sauveteur —— Victime

2. Henri : « Mais je pensais que c'était ce que vous vouliez. Tout ce que je fais ces temps-ci se retourne contre moi ! »
   —— Persécuteur —— Sauveteur —— Victime

3. Jacqueline (sarcastique) : « Et puis, Guy, c'est vous qui avez autorisé cet achat le mois dernier ». (Elle hausse légèrement la voix) : « Quand vous avez envie de râler, réfléchissez deux fois avant ! » (Jacqueline sort, Henri s'excuse et Guy reste seul).
   —— Persécuteur —— Sauveteur —— Victime

4. Guy (seul dans son bureau) : « J'essaie de bien faire mon travail et je n'ai aucun appui. Je dois contrôler Henri, mais dès que je lui dis quelque chose, cette surveillante générale me rabaisse. Ici, cela finit toujours ainsi ».

—— Persécuteur —— Sauveteur —— Victime

5. Henri (de nouveau dans le bureau de Guy) : « Guy, ne vous en faites pas pour ce que Jacqueline a dit tout à l'heure. Je sais que vous étiez occupé le mois dernier quand vous avez autorisé cet achat. Ça vous a probablement échappé. Ça peut arriver à tout le monde ».

—— Persécuteur —— Sauveteur —— Victime

6. Henri (à présent dans le bureau de Jacqueline) : « Vous avez été trop dure avec Guy. Vous savez qu'il accepte mal cette sorte de remarque ».

—— Persécuteur —— Sauveteur —— Victime

7. Jacqueline : « Mais Henri, j'essayais de vous aider et c'est vous qui me dites cela. Bon, j'ai eu tort de me mêler ».

—— Persécuteur —— Sauveteur —— Victime

8. Guy (dans le bureau de Jacqueline) : « Oublions l'incident, Henri. Jacqueline a beaucoup travaillé ces derniers temps à l'hôpital. Elle s'est juste laissé emporter ».

—— Persécuteur —— Sauveteur —— Victime

Réponses : 1P 2V 3P (c'est ce qui est dit qui compte et non l'intention) - 4V 5S 6P 7V 8S.

Quelques jeux fréquents

Idetifier des jeux, comprendre les mécanismes permet à chacun de sortir de ses relations piégées et stériles. Berne — dans son célèbre ouvrage *Des Jeux et des Hommes,* tr. 1975, a décrit de nombreux types de jeux. Nous n'en retiendrons que certains parmi les plus fréquents.

Nous pouvons classer les jeux selon les trois positions du triangle dramatique de Karpman :

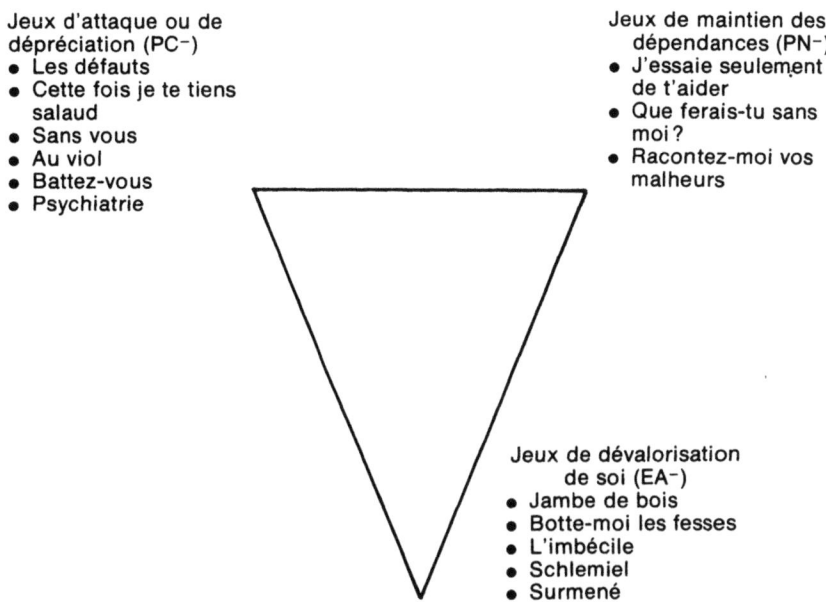

Les Victimes jouent pour recevoir des bénéfices négatifs en provoquant chez autrui la colère, l'indignation ou la culpabilité. Les Persécuteurs et les Sauveteurs jouent pour confirmer autrui dans ses sentiments négatifs et gagner supériorité ou exaspération.

Les défauts

Ce joueur aime la chicane, le détail insignifiant qui rabaisse autrui cela lui donne un semblant de sentiment de supériorité. Il met souvent les autres mal à l'aise en critiquant et en rejetant les propos et les êtres. Les analyses persécutrices se font non à partir de l'Adulte mais d'un Parent Critique intempestif. Exemple : le malade : « Dans ce service, les soins ne valent rien, la dernière fois je n'ai pas eu ce traitement ».

Cette fois je te tiens, salaud

Le joueur tend des pièges, établit des règles irréalistes, laisse dans l'ombre un certain nombre de points pour y faire référence par la suite. Par exemple, la surveillante à l'aide-soignante « commencez aujourd'hui par les salles du fond du couloir » et après exécution la surveillante en colère dit « mais elles ne sont pas toutes prêtes ». Le plan de l'instruction lui permet de citer une chambre particulière non arrangée pour reprendre son personnel. Pour ce type de joueur rien n'est assez parfait, suffisant ou digne de gratifications positives.

Sans vous

Ce joueur projette ses insuffisances en accusant les autres. Il excuse ses performances insuffisantes par l'intervention maladroite d'autrui. Le joueur tire un bénéfice de supériorité en blâmant autrui « sans cette surveillante j'aurai eu mon changement de poste », « sans ma famille j'aurais pu faire des études », « sans ces deux infirmières nous aurions un meilleur rendement dans le service ».

Au viol

Ce joueur — homme ou femme — séduit, attire et rejette, s'indigne et prend plaisir de l'étonnement et du dépit causé. Le joueur croit que les autres ne sont pas OK et justifie cette position en les attirant dans une situation ambiguë. Les relations hospitalières, comme d'autres lieux professionnels, sont propices à ce type de jeu.

Battez-vous

Le joueur engage deux personnes à régler un différend dont il est l'origine. Il observe que les gens sont idiots et cela renforce son sentiment de supériorité. Une infirmière amorce en relatant à une collègue « sais-tu ce que Josiane m'a dit de toi ?... » ou elle l'aiguillonne à refuser un compromis dans une situation conflictuelle « tu ne vas pas accepter cela d'elle, tout de même ! ».

Psychiatrie

Ce joueur use d'un langage ésotérique, impose son vocabulaire et son interprétation du comportement des autres. Le milieu médical est trop favorablement placé et pratique bien souvent ce type de jeu. Des médecins parfois ronronnent stérilement, lancent des mots compris de quelques initiés pour étaler une compétence qui ne prend pas la guérison pour objectif. Certains malades pensent savoir aussi décoder leurs rêves, analyser leurs conduites devant un thérapeute qu'ils sous-estiment. Une phrase type du jeu psychiatrie est « Comment vous ne savez pas ce qu'est... le désir..., le P.A.E... le biofeedback ? » et le « je m'en doutais » de sous-entendu est perçu par l'interlocuteur comme une dévalorisation évidente. Tous les langages — ceux du juriste ou de l'informaticien, du psychologue ou du cinéphile — peuvent servir à introduire un jeu psychiatrie.

Jambe de bois

Ce joueur fait largement état d'une insuffisance — son âge, son infirmité, sa maladie — pour justifier son incapacité, son irresponsabilité, il se complaît dans son malheur. Il exploite ses carences imaginaires ou réelles pour n'avoir rien à entreprendre. C'est son emploi actuel, son manque de diplôme, une mésalliance ou sa «jambe de bois» qui l'handicapent, réduisent ses ressources, expliquent la situation présente. Ce joueur semble dire: il n'y a rien à espérer dans mon cas, mes insuffisances ont un statut de permanence.

Botte-moi les fesses

Ce joueur fait des gaffes, rejette ses fautes et les fait remarquer. Il cherche la remontrance, le rejet ou la remarque vexante. La récompense du jeu est le reproche ou pire le renvoi. Ceux qui se font licencier d'une place après l'autre et collectionnent les sentiments de culpabilité sont des spécialistes de «botte-moi les fesses». Ils expliquent par la suite que certains leur en veulent, qu'ils n'ont pas eu de chance et que les réprimandes étaient trop dures pour de si petites erreurs.

L'imbécile

Ce jeu est voisin du précédent. Ici le joueur se fait déprécier. Il accumule les erreurs et les ennuis. Il se demande comment être aussi stupide, se tromper si souvent, inverser les dossiers ou les rendez-vous. Ce joueur est dangereux pour la sécurité des malades lorsqu'il appartient au personnel soignant et qu'il agit ainsi envers eux. Il pousse ceux qui le contrôle à tenir le rôle de Persécuteur avec un jeu complémentaire «je te tiens, salaud».

Schlemiel

Le joueur fait des gaffes mais cherche le pardon. Il attend que l'on dissocie sa personne de ses actions insuffisantes. Il accumule les maladresses et implore l'indulgence. Il se plaît à entendre «ce n'est pas grave, cela arrive à d'autres». Ce joueur se montre destructeur mais n'en espère pas moins l'absolution parce qu'il affiche subtilement le caractère accidentel de ses actes manqués. Il se donne le plaisir de faire des dégâts et d'éviter la sanction. Il plaide par conviction son innocence. C'est un gaffeur tenace.

Surmené

Le joueur, pour dissimuler parfois une position de vie non OK, prend des responsabilités, travaille beaucoup, se surmène. La tension excessive qui en découle prépare les infarctus, les dépressions ou d'autres perturbations psychosomatiques. Ce jeu fréquent, comme d'autres jeux déjà analysés, peut tenir toute une vie. Il gâche l'existence de la personne elle-même et de son entourage. Incapable de modérer ses activités, éreinté, le joueur justifie ses surcharges par des alibis socialement plausibles: l'importance de son emploi, ses engagements financiers ou son dévouement à une cause. Le jeu progresse ainsi vers une chute quelquefois douloureuse: divorce, licenciement ou mort.

J'essaie seulement de t'aider

Ce joueur, Sauveteur, s'active autour du problème d'un autre, en parle trop, apporte une aide stérile, maintient son protégé sous tutuelle et lorsque ce dernier las, tente de secouer le joug, il s'entend dire «j'essaie seulement de t'aider». Les Sauveteurs sont des joueurs qui ne cherchent pas réellement la solution du problème d'autrui. Leur objectif secret est la continuité de leur dominance sur une Victime. Leur Parent Nourricier négatif survalorise et dévalorise, inhibe et contraint, il gêne l'autre dans son accession à l'autonomie.

Que ferais-tu sans moi?

Ce joueur fait à la place de, montre ce dont il est capable, se dévoue pour être félicité, paraître indispensable. Il s'agite, rappelle vertueusement son passé de réussite et son expérience pour poursuivre son action présente devant une Victime dominée et incapable. C'est le patron, la surveillante ou l'infirmière-enseignante qui se considère indispensable à la bonne marche du service.

Racontez-moi vos malheurs

Ce joueur offre l'apparence d'une personne soucieuse d'autrui, capable d'écouter, pleine de prévenance. Elle sollicite la confidence, pousse à l'expression, se tient prête à recueillir les informations les plus intimes. Ce qu'elle attend en fait de sa Victime, c'est que celle-ci continue à subir la morosité de son mal ou de sa gêne pour en parler et recevoir une sollicitude qui ne résout rien.

Identifier les jeux

Cet exercice permettra au lecteur de se rendre compte s'il a retenu la caractéristique essentielle des jeux précédemment décrits. Chaque phrase est typique d'un jeu précis. Nous avons décrit 14 jeux: 6 Persécuteur (1. Les défauts, 2. Cette fois je te tiens, salaud, 3. Sans vous, 4. Au viol, 5. Battez-vous, 6. Psychiatrie); 5 Victime (7. Jambe de bois, 8. Botte-moi les fesses, 9. L'imbécile, 10. Schlémiel, 11. Surmené); 3 Sauveteur (12. J'essaie seulement de t'aider, 13. Que ferais-tu sans moi?, 14. Racontez-moi vos malheurs). Retrouvez-les à partir des 14 phrases suivantes:

A. Oh non! je suis encore en retard, désolé, qu'allez-vous penser de moi.

B. A ces notes de soins, il manque quand même les références bibliographiques.
C. Dans ce service de chirurgie, je suis débordé de travail, je ne peux pas m'occuper de moi.
D. Lorsque ce patron partira, nous respirerons, avant aucune coopération n'est possible dans ce service.
E. Enfin ma pauve petite quand saurez-vous terminer convenablement ce soin ?
F. Vous savez, Mademoiselle, vous ne pouvez pas attendre de moi que je prenne bien ce médicament, j'oublie toujours tout.
G. Dites-moi donc, Monsieur l'Interne, vous a-t-on appris que la sémiologie de cette maladie est... ?
H. Mais pour qui vous prenez-vous pour être aussi familier ?
I. Moi à votre place après ce qu'il vous a dit, je ne me laisserais pas faire.
J. Je sais ce qu'il faut faire dans votre cas.
K. Comment ai-je pu faire une chose pareille !
L. Dans ce service sans moi rien ne marcherait.
M. Racontez-moi votre nouvel accident.
N. Je suis stupide d'avoir oublié.

Corrections
   A : 10 – B : 1 – C : 11 – D : 3 – E : 2 – F : 7 – G : 6 – H : 4 – I : 5 – J : 12, K : 8 – L : 13, M : 14, N = 9.

Les mécanismes du jeu

Un jeu psychologique comprend une série de transactions dont le but secret est un bénéfice émotionnel négatif. Le mécanisme du jeu est le suivant :
- Un échange apparent et satisfaisant de transactions Adulte-Adulte.
- Ces transactions sont doubles et la seconde est hors du champ de conscience de l'Adulte.
- Le signe de reconnaissance qui clôture le jeu est négatif soit pour l'un soit pour les deux joueurs à la fois. Il renforce les positions de vie non OK.
- Le processus du jeu est bien défini, il se déroue classiquement en 5 étapes :

  • L'Amorce : le joueur accroche une dévalorisation de soi au d'autrui.

- Le Point Faible: le partenaire est sensible à la dévalorisation exprimée.
- La Réponse: le partenaire tente vainement de résoudre le problème posé.
- Le Retournement de Situation: la transaction Adulte-Adulte ne masque plus les relations Parent-Enfant qui apparaissent en coup de théâtre. Cela se traduit par un moment de stupeur.
- Le Bénéfice Négatif. Selon le cas, les signes de reconnaissance négatifs, les coups de pieds affectent soit l'un soit les deux protagonistes.

Exemple d'un jeu: «je te tiens, salaud». V. schéma p. 161.

1.- Est-ce que vous croyez que cette nouvelle série de piqûres me feront du bien?
(Enfant Adapté Rebelle du malade: je ne le pense pas).
2. (Dialogue interne de l'infirmière: de l'Adulte au Parent et du Parent à l'Enfant Adapté.)
3.- Oui, certainement, elles ont été prescrites après étude de votre cas.
(Enfant Adapté de l'infirmière, je fais de mon mieux).
4.- Alors comment expliquez-vous que j'ai suivi ce même traitement il y a 8 mois sans succès?
5. (Parent du malade: «je vous tiens, incapable». Enfant Adapté: «je triomphe!»).

Histoire de Françoise et de Martine

Françoise, Directrice d'Ecole d'infirmières, s'adresse à sa monitrice Martine qui a préparé un dossier sur les besoins de formation de l'équipe: «Au fait, Martine, je vais déjeuner avec le directeur général demain. Nous allons discuter de votre proposition. Ce serait peut-être une bonne idée si vous veniez aussi». «Très bien! je ne dis pas mieux» répond Martine.

Martine attend toute la matinée le lendemain. Elle pense que Françoise viendra la voir pour préparer le rendez-vous. Vers midi moins cinq, le lendemain, Martine qui commence à s'inquiéter, décide d'aller voir Françoise. «Bonjour, Madame, je suis prête». «Prête! Ah, oui... le rendez-vous! Je voulais vous en parler, mais j'ai été débordée par le nouveau programme et je n'ai pas eu le temps. Vous savez ce que c'est! Enfin, de toute façon, je ne pense pas que votre présence soit indispensable aujourd'hui. Il y a des choses que je dois d'abord voir avec M. Pierre».

LES COMMUNICATIONS BIAISEES 161

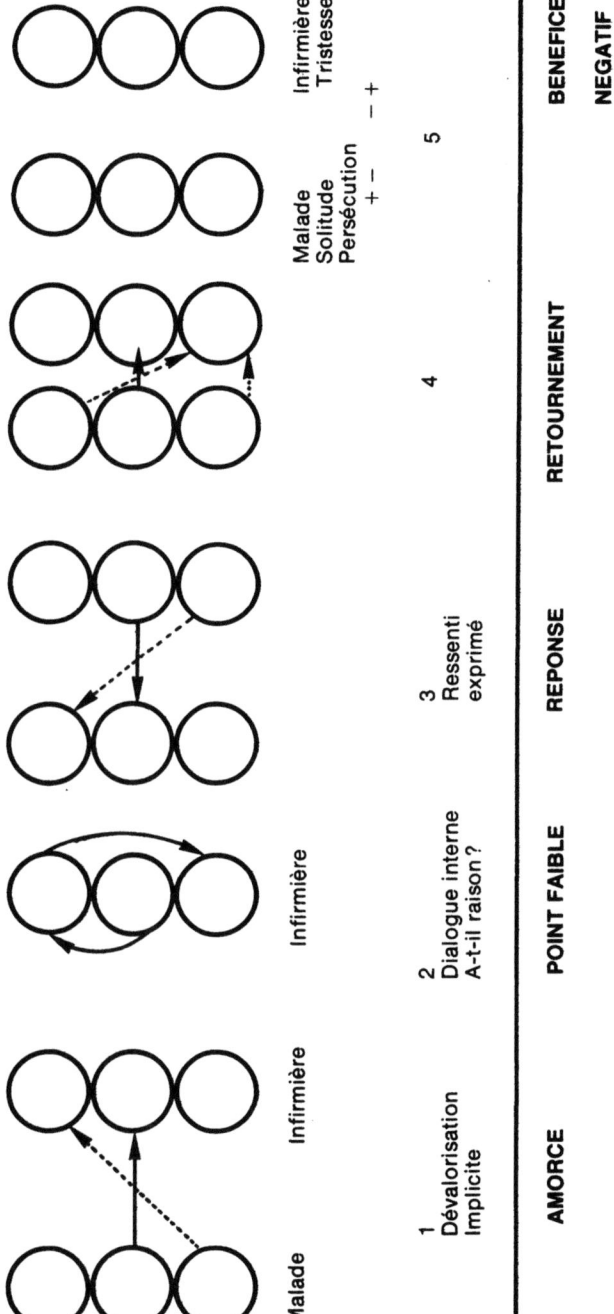

- Donner des signes de reconnaissance positifs. Il est essentiel de se rappeler que le joueur cherche à attirer l'attention et que faute de strokes positifs, il préfère les coups de pied à l'indifférence. Offrir les caresses psychologiques en réponse à une amorce de jeu déroute, apaise et prend de court.

- Faire une réponse non conforme. Le joueur par expérience connaît bien les séquences de ses jeux, une manière de casser la répétitivité du déroulement et de faire une réponse imprévue, non conforme à ses attentes. Exemple de séquence, l'infirmière à une aide-soignante :
- « Michèle pourriez-vous m'aider pour les soins du Monsieur de la chambre 4 ? »
- « Je n'ai pas le temps maintenant, n'importe qui peut le faire » (dévalorisation de soi et amorce de jeu).
- « Je pense que ce n'est pas facile pour vous de répondre à toutes les demandes. Mais j'ai besoin de vous et notre malade aussi. Et puis j'aime bien travailler avec vous ».

Dans cette réponse, l'infirmière est allée dans le sens de la phrase reçue au lieu de s'opposer. Elle a maintenu se demande en déjouant l'amorce du jeu « que dois-je faire maintenant ? » réponse « rien que vous ne sachiez faire » ou « vous avez certainement un avis là-dessus ».

- Pratiquer l'humour. A la différence de l'ironie, souvent blessante, alliée au Parent Critique, l'humour est une ressource de l'Adulte qui comprend et contrôle la situation. Le rire de l'intelligence soulage, contourne et contribue à cet inattendu qui réduit l'effet négatif du jeu. Lorsqu'une personne attend fermement une réponse typique d'un jeu, une manière de la dérouter et de lui répondre comme si le jeu n'était pas compris ou inversement bien décodé. A celui qui vous attend d'un œil critique, dire à la moindre erreur « cette fois j'ai perdu, un point pour vous ».

La personne contourne les jeux aussi en adoptant une réponse à partir de trois états de moi. Exemple : « je ne me sens pas bien lorsque vous me parlez ainsi (Enfant) et même j'éprouve plutôt de la colère de votre attitude (Parent) mais nous pourrions en débattre (Adulte) ».

C. Tableau du développement psychopathologique

J. Weiss a décrit l'enchaînement des frustrations à partir de la répression des besoins de l'Enfant Spontané et qui aboutissent au scénario destructeur. Ce tableau a été bien analysé dans l'ouvrage de Woollams et Brown, *The Total Hardbook of T.A.*, 1979. Au fur et à mesure que les demandes de l'Enfant Spontané ne sont pas gratifiées, elles font place à des attitudes pathologiques de substitution, aux communications biaisées que sont les rackets et les jeux, et elles se résument massivement dans les décisions scénariques.

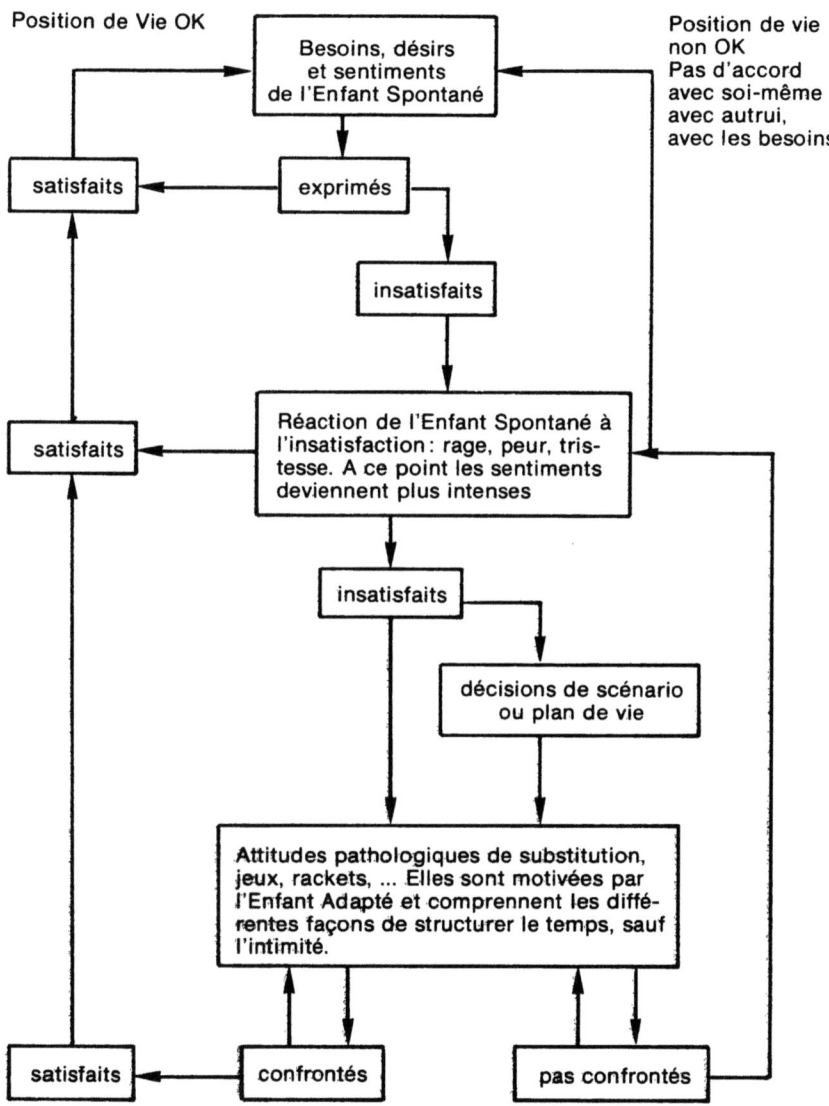

- Enfin, le concept de santé globale qui s'étend des préventions à la réadaptation, et qui agrège les causes multiples de la maladie : sociales, professionnelles, familiales ou personnels.

De ceci, il découle que le personnel soignant qui a acquis une bonne pratique de l'AT comme outil de communication peut appliquer ses compétences en soins infirmiers et poursuivre sa propre croissance.

Nous analyserons successivement :
- la compréhension de soi et celle d'autrui ;
- le travail de l'Adulte et l'affirmation de soi ;
- l'intimité de l'Enfant Spontané et l'imagination créatrice du Petit Professeur ;
- le changement personnel ;
- l'aide aux personnes en difficulté à travers un exemple : le deuil ;
- les changements de structures de la personnalité sociale ;
- la résolution du problème.

Puis nous préciserons les notions de vie pleine et de l'hexagone gagnant, enfin nous évoquerons les Ecoles actuelles d'AT. Elles montrent par la richesse de leurs concepts, les prolongements des recherches.

A. De la compréhension de soi et celle d'autrui

La découverte de soi est un processus long, progressif, où alternent les moments de lucidité et de confusion. La prise de conscience qui accompagne les révélations sur soi sont facilitées par la confidence à autrui et l'écoute de leur feedback. Autrui m'apprend qui je suis, il est l'intermédiaire indispensable, le révélateur de moi-même. Luft a proposé un schéma — appelé la fenêtre Johari — qui illustre comment je me révèle aux autres et comment les autres me voient. Parfois, au départ d'une relation, le secret, l'inquiétude, la peur de n'être pas accepté limitent mes expressions et freinent ma spontanéité. Si je me sens dans un environnement accueillant peu à peu, je suis tenté par la confidence et l'ouverture à autrui, je réduis par là ma face cachée, j'apprends aux autres ce que je sais de moi-même. A leur tour, ceux qui sont là m'informent, me font part de leurs impressions et réduisent par là ma zone aveugle. Cf. schéma :

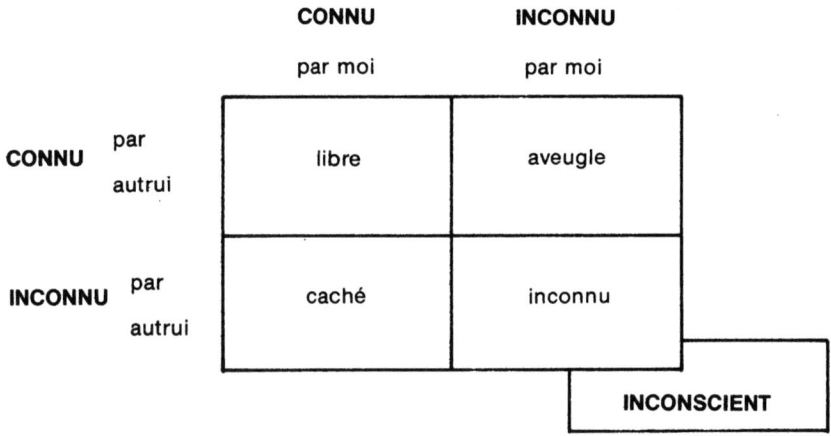

La surface respective de chaque zone représente l'ouverture ou la fermeture à autrui, elle varie selon les interlocuteurs. La zone grand jour peut être maximum avec l'un et réduite avec l'autre. Mais plus une personne est bien avec elle-même plus elle aura tendance à ouvrir, à être spontanée, à aller vers les autres, à solliciter et écouter leurs opinions. Les grilles d'analyse du comportement que propose l'AT offrent des possibilités pour se connaître mieux, se percevoir en relation et poursuivre son propre développement.

La fenêtre Johari

La clarté des communications améliore le fonctionnement des échanges dans un contexte social, c'est-à-dire accroît la sensibilité et la compétence de chacun aux aspects de la communication et des relations interpersonnelles, soit :

1. *Mieux se connaître soi-même*
   - en sollicitant le feed-back des autres membres ;
   - en écoutant et en respectant leurs commentaires ;
   - et en découvrant certains aspects inconnus de son comportement.

2. *Sortir davantage de soi-même*
   - en étant ouvert, spontané et authentique dans ses relations ;
   - en exprimant ses perceptions, ses sentiments et ses motivations ;
   - et en augmentant chez soi l'acceptation du risque et du changement.

7. D'être illogique lorsque vous prenez une décision et d'en prendre la responsabilité.
8. De dire «je ne comprends pas».
9. De dire «cela m'est indifférent».
10. De dire «non» sans vous sentir coupable.

Ces droits soulignent la notion d'autonomie et de self-direction de l'individu.

Dans un sens voisin, la Gestalt offre des réponses pour accéder à son autodirection. Elle propose de vivre dans l'ici et le maintenant, d'expérimenter le réel au lieu d'imaginer frileusement des éventualités d'échec, de ressentir les messages de nos sens au lieu de ruminer des pensées inutiles, de s'exprimer directement plutôt que de manipuler, de fuir, de juger ou se justifier. La Gestalt nous convie à nous rendre à l'évidence, je suis ce que je suis et non ce que je voudrais être.

Bower propose plusieurs techniques d'affirmation dans son livre *Asserting yourself a pratical guide fort positive change,* 1956. Il propose lors d'une situation faisant problème une démarche en 4 étapes. Exemple: Une surveillante trouve que le médecin chef de service fait beaucoup de remarques injustifiées sur le service en ce moment.

1. *Appel à l'écoute:* Docteur, pouvez-vous m'écouter, je voudrais vous parler du service...
2. *Décrire le comportement gênant:* J'ai le sentiment qu'en ce moment vous faites de nombreuses remarques sur le service et vous en avez même parlé devant moi au Dr Alain.
3. *Exprimer vos réactions:* Je suis surprise et mal à l'aise devant vos réactions...
4. *Proposer une solution:* Je souhaite que nous retrouvions notre bonne entente.
5. *Offrir un stroke:* Pouvons-nous en parler, je vous en serais reconnaissante.

Cette attitude Adulte est constructive et capable de solutionner les problèmes à partir d'une analyse du différent. Nous devons à D. Chalvin dans *L'Affirmation de soi,* 1980, la meilleure étude en langue française de ces techniques. L'être autonome est celui qui se dégage de la nécessité et de l'ordre du scénario pour mettre en route sa plénitude.

L'intimité de l'Enfant Spontané et l'imagination créatrice du Petit Professeur

Une personne bien avec elle-même est en contact avec l'énergie libre de son Enfant Spontané et l'intuition créative, la perspicacité du Petit Professeur.

Dans ce qu'il a de meilleur, l'Enfant Spontané en nous-même est conscience aisée de soi, expression d'émotions éprouvées, recherche de plaisir, chance d'intimité. Etre naturel, c'est répondre aux questions de la vie souvent avec maladresse, parfois avec bonheur, toujours avec générosité. L'Enfant Spontané, qui a été la part dominante de nous-même aux premiers âges de la vie, est souvent dans l'activité quotidienne méconnu et écarté. Le personnel soignant ne peut véritablement entrer en relation avec un malade, être disponible à autrui que s'il est accepté lui-même. Réduire le contentieux avec soi, être au clair avec son identité, échanger des strokes, se ressentir confirmé permet à chacun d'entrer en contact directement avec autrui. Le personnel soignant tolère à partir de son Enfant Spontané la joie de vivre, l'élan du malade. Il l'encourage à exprimer la vérité de ses sentiments, à vivre des relations + +. Une réponse d'intimité est plus directe, plus adéquate, plus enjouée. Elle est positivement contagieuse et empathique.

Une personne créative est celle qui s'exprime à partir de son Petit Professeur. Elle laisse ce dernier prendre le commandement de la situation. Siège de l'intuition et de l'imagination, le Petit Professeur opère d'une manière globale, il produit les idées et joue avec, fait preuve de fantaisie, n'exclut pas les croyances magiques. A l'aise dans l'expression gestuelle, le comportement non verbal, le Petit Professeur suggère le rapprochement imprévu, étonne et surprend par ses trouvailles. Dans un service hospitalier, où la rigueur et la méthode sont fondamentales, l'innovation a aussi sa place. Elle est présente dans le développement de nouvelles techniques, les décisions novatrices, l'apprentissage d'une meilleure gestuelle, l'instauration de pratiques autres.

Dans le domaine relationnel également, le Petit Professeur qui est séduction, compréhension intuitive du partenaire, aide à faciliter la relation, trouve le mot qui libère et soulage, sort des échanges routiniers et répétitifs.

- Eprouver des sentiments positifs, recevoir des strokes positifs, les demander, les accepter et par là peut-être sortir de la répétition monotone des jeux psychologiques.
- Annuler les injonctions négatives éventuelles reçues du défunt.
- Affirmer l'Adulte, le décontaminer de ses illusions en l'assistant à trier dans les souvenirs les caractéristiques chaleureuses et difficiles de la personne décédée. Celle-ci est bien souvent survalorisée. On entend « Ma mère ou mon grand-père était parfait, sans défauts...».
- Déculpabiliser l'Enfant Adapté qui parfois se sent responsable du décès, d'un manque d'attention, de sollicitudes insuffisantes.
- Réduire la collection de timbres en permettant à la personne endeuillée de ressentir tout à la fois, colère, peine, culpabilité, ressentiment. La variété des émotions éprouvées délivre de la fixité répétitive du racket.
- Libérer à nouveau l'énergie bloquée. Garder en soi, poursuivre l'intimité avec la personne décédée sans pour autant investir inutilement sur une personne qui n'est plus là.

Les changements de structures de la personnalité sociale

Chaque société définit et aide à la promotion d'un type humain. Elle offre des statuts honorables et assigne des rôles prestigieux aux comportements dont elle a besoin.

Certains psychosociologues ont pu définir une notion de personnalité de base pour caractériser les conduites spécifiques retenues et valorisées dans une société donnée. Dans un sens voisin, nous pouvons dire que chaque groupe humain préfère un type d'égogramme en rapport avec ses souhaits. Si nous prenons la situation des sociétés industrielles, que trouvons-nous : il y a cinquante ans ? Un homme qui a intériosé de nombreuses règles — donc très Parent — soumis à celles-ci — très Enfant Adapté — à qui on ne demande pas souvent à chercher à comprendre, ou à se laisser aller à l'expression de ses sentiments vrais, soit peu d'Adulte et peu d'Enfant Spontané. Aujourd'hui, ce modèle paraît inapproprié. Notre société attend de ses membres qu'ils réfléchissent plus par eux-mêmes, qu'ils s'adaptent à des règles changeantes, qu'ils soient créatifs et spontanés. En terme d'AT, l'Adulte et l'Enfant Spontané suppléent le Parent et l'Enfant Adapté.

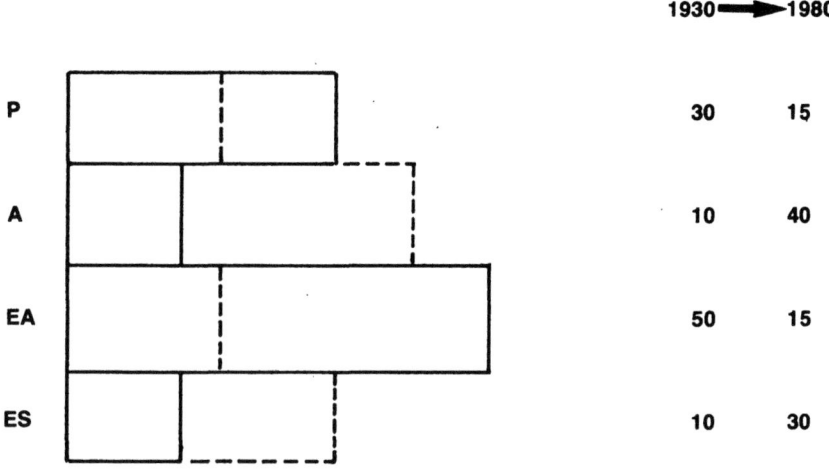

Ce changement est significatif dans les études d'infirmières, dans le courant de la conceptualisation des soins, dans les vœux des malades eux-mêmes qui pour beaucoup, souhaitent être consultés, participer activement à leur guérison.

La résolution du problème

La démarche d'accession à l'autonomie proposée par l'AT à travers le concept de contrat s'apparente à la méthode de résolution de problème préconisée en nursing.

1re étape: déterminer la situation actuelle à partir de l'Adulte.
2e étape: définir l'état souhaité toujours dans son Adulte.
3e étape: prendre la responsabilité de l'action par son Parent.
4e étape: s'impliquer émotionnellement, se motiver et se préparer à agir avec enthousiasme par l'Enfant Spontané.
5e étape: découvrir les solutions en alliant le Petit Professeur et l'Adulte.
6e étape: appliquer, évaluer, réguler à partir de son Adulte.

L'engagement dans l'action est aisé lorsque le Parent affirme sa responsabilité, l'Adulte sa compétence et l'Enfant sa motivation. Il appartient au Parent de spécifier la tâche, à l'Adulte d'analyser les données et à l'Enfant de fournir l'énergie pour faire. Ceci nécessite l'autonomie de l'Adulte. Parfois, celle-ci fait défaut. Examinons les différentes situations possibles.

Résolution Adulte	Contaminations par le Parent	Contaminations par l'Enfant Adapté
1. Considération du problème	Méconnaissance	Affolement ou défensivité
2. Analyse des données	Préjugés	Illusions
3. Choix de l'action	Routine, tradition	Impulsivité
4. Mise en œuvre	Procédures usuelles	Découragement
5. Evaluation	Refus de l'information en retour	Analyses superficielles
6. Perfectionnement	Persévérance dans les modèles antérieurs	Se sentir incapable, découragé, sans force

Un personnel soignant contaminé par son Parent Critique est celui qui devant un problème s'écrie : « nous n'avons jamais su faire cela », « ce n'est pas le genre de notre service », « le patron sera contre », « la solution est au-dessus de nos capacités ».

Et le personnel contaminé par son Enfant Adapté dira « là nous ne sommes jamais écoutés », « j'en ai marre de ce service », « je n'ai pas confiance en ce groupe », « je ne sais plus où j'en suis ».

B. Une vie pleine

Etre en bonne santé

Etre en bonne santé, c'est vivre un accord avec soi, les autres et sa tâche. Psychologiquement une vie pleine présente les signes positifs suivants :
- La position de vie est OK + + avec les pensées et les sentiments qui s'y rapportent.
- La personne donne, accepte, demande et refuse librement les caresses.
- Elle est consciente de ses états du Moi, les exprime clairement et sans confusion.
- Dans l'égogramme prédominent le Parent Nourricier, l'Adulte et l'Enfant Spontané.
- Les transactions sont parallèles.
- Les relations ne comportent pas de méconnaissances.
- Les comportements passifs sont très peu nombreux.
- Le comportement et les sentiments ne dépendent pas d'élastiques les reliant au passé.

- La personne ne collectionne pas de timbres.
- Elle ne joue pas de jeux.
- Elle n'a pas recours à des comportements ou à des sentiments parasites.
- Elle réagit dans l'ici et maintenant et prend des décisions utiles.
- Sa structuration du temps est OK, riche en intimité et en activités, et pauvre en jeux.

Dans une vie pleine, chaque état du Moi a sa richesse et sa positivité. Parfois, un travail sur soi peut nécessiter le développement et l'activation d'un état particulier. Deux personnes qui entretiennent d'excellentes relations sont capables d'opérer des échanges à travers leurs 6 états de personnalité :

	Contrat de base	→	Conséquences
PC - PC	Responsabilité	→	sens du devoir, adhésion aux valeurs
PN - PN	Protection mutuelle	→	respect, confiance et chaleur
A - A	Autonomie	→	capacités à résoudre les problèmes
EA - EA	Flexibilité	→	accepter et céder, rester libre et relié
PP - PP	Créativité	→	orignalité des solutions, intuition
ES - ES	Intimité	→	échanger des strokes, se faire plaisir

Une autre représentation, celle d'un hexagone, dont les 6 points sont interconnectés reprend sous une forme différente l'idée de la cohérence des 6 grilles de l'AT.

L'hexagone gagnant ou perdant

L'AT comprend plusieurs grilles de comportements, cohérentes entre elles. Dans le tableau suivant nous en avons retenu 6 parmi les plus usuelles, comme indiqué dans le 1er chapitre. A partir de n'importe quelle caractéristique, nous pouvons prédire sans trop de risques d'erreurs, les autres positions. Il y a une corrélation évidente entre scénario gagnant, transactions complémentaires, strokes positifs, activations de l'Intimité et de l'Activité. De même, un miniscénario renforcé, des jeux et rackets, un Parent et un Enfant Adapté activé, des transactions croisées sont les signes évidents d'une position de vie non OK. L'équation générale d'une vie s'écrit ainsi : Etre bien dans l'existence = être bien avec les autres + être bien avec soi.

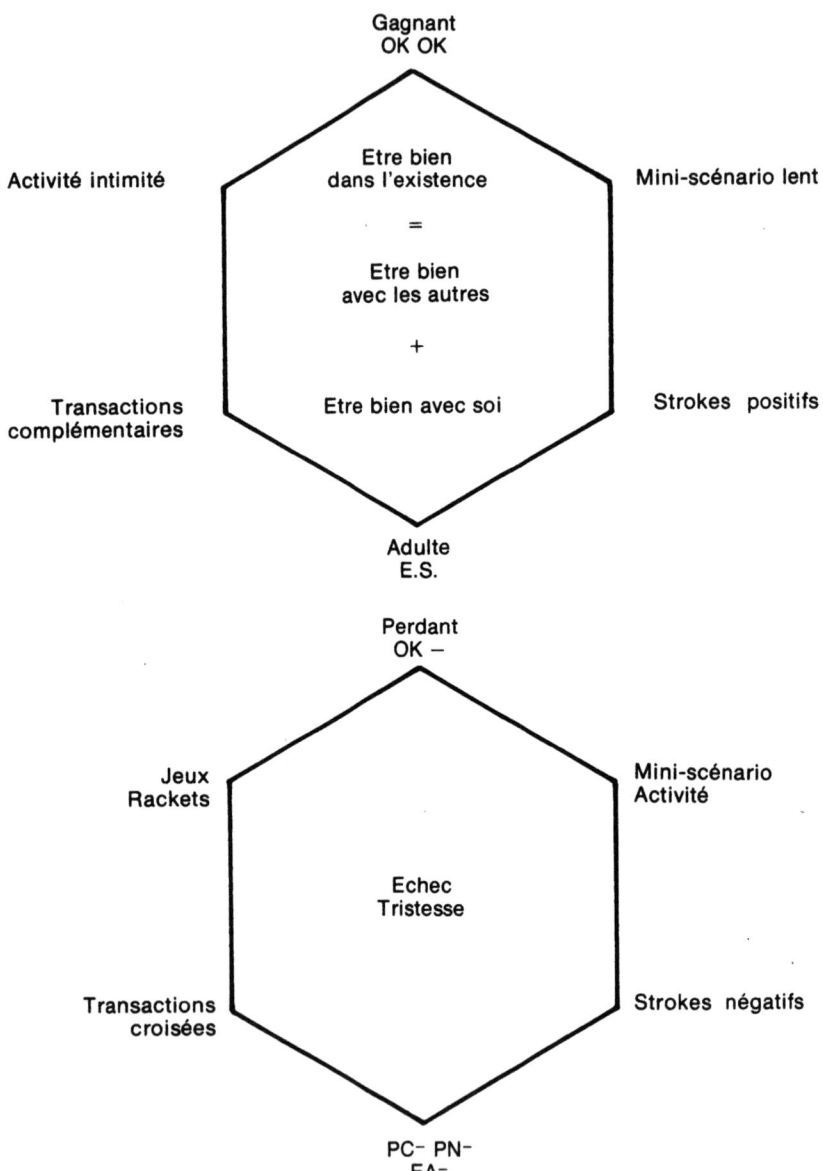

C. Les écoles d'AT

L'AT est un domaine des sciences humaines relativement jeune. La délimitation de son champ d'investigation et la définition de ses concepts est en cours de clarification et d'approfondissement. Depuis 15 ans les écoles d'AT ont des orientations différentes. Mais les méthodes et les points de vue enrichissent la compréhension globale des relations à soi et aux autres. Nous nous limiterons à décrire 4 courants qui se font des emprunts réciproques et qui tous tentent de donner suite au projet de Berne. Chacun d'eux est centré plus spécifiquement sur un aspect fondamental pour:
- S. Karpmann et J. Dusay, les transactions;
- J. Schiff, la passivité et la symbiose;
- C. Steiner, le scénario;
- R. et M. Goulding, la redécision.

Nous nous limiterons à une analyse succincte.

Pour l'école des transactions:

a) *Ce qui fait problème* est un développement inadéquat de certains états du Moi, dû à une déficience des relations familiales. Il en découle des transactions stéréotypées.

b) *Les symptômes*
   - Incapacité de la personnalité à fonctionner à partir de l'Adulte et de l'Enfant Spontané.
   - Transactions croisées et doubles.

c) *Les techniques thérapeutiques*
   - Analyse des égogrammes.
   - Travail sur le triangle dramatique et les jeux.
   - La structuration du temps.

d) *Le résultat attendu*
   - Changement dans les investissements de chaque état du Moi, dans les transactions et la structuration du temps.

Pour l'école de la passivité et de la symbiose:

a) *Les besoins et les sentiments de l'enfant* par l'entourage familial sont méconnus d'où la dépendance et la symbiose.

b) *Les symptômes en sont* les 4 caractéristiques de passivité et l'importance du Parent Critique et de l'Enfant Adapté.

c) *Les techniques thérapeutiques consistent à :*
- Réécrire le scénario avec un système de valeur non compétitif (reparentage).
- Informer l'Adulte.
- Caresser l'Enfant Spontané.

d) *Le résultat attendu est :* le développement de l'autonomie et la réduction des symbioses.

Pour l'école du scénario

a) *Le Parent Critique est à l'origine des 3 injonctions :*
- Sans joie : inertie du corps d'où : alcoolisme, obésité.
- Sans amour : manque de caresses, d'où : dispersions, symptômes psychosomatiques.
- Sans raison : méconnaissance, d'où : autisme, désorganisation de la pensée.

b) *Les symptômes :*
- Absence de sensations corporelles.
- Déficit dans l'économie des caresses psychologiques.
- Dépendance des pensées.

c) *Les techniques thérapeutiques sont :*
- Permission, Protection, Puissance.
- Travail corporel et ateliers de Permissions.
- Valorisation de l'Adulte.

d) *Les résultats attendus :*
- Désinvestissement du Parent Critique.
- Suppression des tensions entre domination et soumission.
- Echange de caresses psychologiques.

Pour l'école de la redécision

a) *L'Enfant Adapté a décidé de se soumettre aux injonctions,* voilà ce qui fait problème.

b) *Les symptômes sont :* la rigidité des comportements, l'absence de spontanéité et d'autonomie.

c) *Les techniques thérapeutiques sont :*
- Redécision de l'Enfant et de l'Adulte.
- Soutien du groupe dans l'ici et le maintenant.

d) Autonomie par rapport aux décisions anciennes et contraignantes, tel est l'objectif.

Ces démarches d'analyse et de traitement aboutissent aux mêmes résultats par des voies différentes : libérer le potentiel de chacun, lui permettre de poursuivre sa croissance vers une vie pleine.

« A vous qui m'avez accompagné et dont la présence est partage, cette pensée de Giono : "Tout ce que nous entassons hors de notre cœur est perdu" ».

Bibliographie

ACKERMAN, *Treating the troubled family*, Basic Books, 1966.
BALINT, *Le défaut fondamental*, Payot, tr. 1971.
BATESON & al., *La nouvelle communication*, Seuil, 1980.
BERNE, *Des jeux et des hommes*, Stock, 1978.
BERNE, *Que dites-vous après avoir dit bonjour?*, TCHOU, tr. 1977.
BOSZORMENYI & FRAMO, *Psychothérapies familiales*, PUF, 1980.
BOWER, *Asserting yourself a pratical guide for positive change*, Addison Wesley, 1956.
BOWLBY, *L'attachement*, Delachaux & Niestlé, 1974.
CHALVIN, D., *Analyse Transactionnelle et relations de travail*, ESF, 1980.
CHALVIN, D., *Affirmation de soi*, ESF, 1980.
COLLIERE, M.TH., *Promouvoir la vie*, Interéditions, 1982.
CROSSMAN, P., *Selected articles of the TAB*, 1967.
CROSSMAN, P., *Permission et Protection* — 14e Congrès de I.T.A.A., 1976.
DOBBS & POLETTI, *Vivre à l'hôpital*, Le Centurion, 1977.
DUSAY, *Egogramme*, Harper & Row, 1977.
ENGLISH, F., *Selected articles*, Philadelphia, Eastern Institute for T.A. and Gestalt, 1976.
FOURCADE & LENHARDT, *Analyse Transactionnelle et bioénergie*, Delarge, 1981.
GOULDING, R. & M., *Progress in group and family therapy*, Ed. Cliford & H.S. Kaplan, 1972.
HARRIS, T., *D'accord avec soi et avec les autres*, EPI, 1973.
JAMES & JONGEWARD, D., *Naître gagnant. L'AT dans la vie quotidienne*, Inter-Editions, 1978.
JAOUI, J., *Le triple moi*, Laffont, 1979.
KHALER, T. & CAPERS, *The mini-scénario, Transactional analysis journal*, vol. 4, N° 1.
KARPMANN, S., *Options TAJ*, janvier 1971.
LUFT, *Introduction à la dynamique des groupes*, Privat, 1968.
NAPIER, A. & WHITAKER, C., *Le creuset familial*, Laffont, 1980.
PERLS, F., *Gestalt-therapie*, Ottawa, Stanké, 1977.
ROGERS, M., *An introduction to the theorical basis of nursing*, Davis, 1970.
SATIR, V., *Thérapie du couple et de la famille*, EPI, 1971.
SCHIFF, J., *All my childrens*, Evans, 1971.
SELVINI PALAZOLLI, M., *Paradoxe et contre-paradoxe*, ESF, 1979.
SMITH, M., *When I say no, I feel guilty*, Bentam Book, 1975.
WATZLAWICK, *Une logique de la communication*, Seuil, 1972.
WATZLAWICK, *Sur l'interaction*, Seuil, 1981.
WINNICOTT, *Jeu et réalité*, Gallimard, 1975.
WOOLAMS, S. & BROWN, M., *The total hardbook of T.A.*, Prentia Hall, 1979.

Table des matières

Préface 7
Avant-propos 13

1. SITUATION DE L'ANALYSE TRANSACTIONNELLE EN SOINS INFIRMIERS

    A. L'autonomie relative de l'activité nursing 15
    B. Les communications en soins infirmiers 18
    C. Les modalités d'interventions thérapeutiques 23
    D. Positions de l'AT et historique 24
    E. Les grilles de lecture du comportement d'après l'AT 27
    F. Utilisation de l'AT en milieu infirmier 28

2. LES ETATS DE PERSONNALITE

    A. Les trois états de base et leur développement : l'Enfant, le Parent, l'Adulte   31
    B. L'exploration de notre personnalité 44
    C. La reconnaissance des états du Moi 48
    D. L'égogramme 50
    E. Les contaminations et les exclusions 67

3. LES RELATIONS AVEC AUTRUI

    A. Les différents types de transactions 74
    B. Les signes de reconnaissance 85
    C. Les strokes et l'économie des gratifications psychologiques 90
    D. Les symbioses et les relations de dépendance 97

4. LA STRUCTURATION DU TEMPS

    A. L'occupation du temps 105
    B. Les caresses de la structuration du temps 111
    C. La structuration du temps à l'hôpital 113

5. LES POSITIONS DE VIE ET LEURS CONSEQUENCES

    A. Guide d'action des positions de vie 118
    B. Les scénarios de vie 125
    C. Les mini-scénarios 137
    D. L'issue des scénarios : les redécisions 143

6. LES COMMUNICATIONS BIAISEES

    A. Les rackets émotionnels et la collection de timbres 146
    B. Les jeux psychologiques 149
    C. Tableau du développement psychopathologique 164

7. APPLICATIONS DE L'AT AU DOMAINE INFIRMIER

    A. De la compréhension de soi à celle d'autrui 168
    B. Une vie pleine 178
    C. Les écoles d'AT, prolongements 181

Bibliographie 185

PSYCHOLOGIE ET SCIENCES HUMAINES
collection publiée sous la direction de MARC RICHELLE

1 Dr Paul Chauchard
  LA MAITRISE DE SOI, *9ᵉ éd.*
5 François Duyckaerts
  LA FORMATION DU LIEN SEXUEL, *9ᵉ éd.*
7 Paul-A. Osterrieth
  FAIRE DES ADULTES, *16ᵉ éd.*
9 Daniel Widlöcher
  L'INTERPRETATION DES DESSINS D'ENFANTS, *9ᵉ éd.*
11 Berthe Reymond-Rivier
  LE DEVELOPPEMENT SOCIAL DE L'ENFANT ET DE L'ADOLESCENT, *9ᵉ éd.*
12 Maurice Dongier
  NEVROSES ET TROUBLES PSYCHOSOMATIQUES, *7ᵉ éd.*
15 Roger Mucchielli
  INTRODUCTION A LA PSYCHOLOGIE STRUCTURALE, *3ᵉ éd.*
16 Claude Köhler
  JEUNES DEFICIENTS MENTAUX, *4ᵉ éd.*
21 Dr P. Geissmann et Dr R. Durand
  LES METHODES DE RELAXATION, *4ᵉ éd.*
22 H. T. Klinkhamer-Steketée
  PSYCHOTHERAPIE PAR LE JEU, *3ᵉ éd.*
23 Louis Corman
  L'EXAMEN PSYCHOLOGIQUE D'UN ENFANT, *3ᵉ éd.*
24 Marc Richelle
  POURQUOI LES PSYCHOLOGUES?, *6ᵉ éd.*
25 Lucien Israel
  LE MEDECIN FACE AU MALADE, *5ᵉ éd.*
26 Francine Robaye-Geelen
  L'ENFANT AU CERVEAU BLESSE, *2ᵉ éd.*
27 B. F. Skinner
  LA REVOLUTION SCIENTIFIQUE DE L'ENSEIGNEMENT, *3ᵉ éd.*
28 Colette Durieu
  LA REEDUCATION DES APHASIQUES
29 J. C. Ruwet
  ETHOLOGIE: BIOLOGIE DU COMPORTEMENT, *3ᵉ éd.*
30 Eugénie De Keyser
  ART ET MESURE DE L'ESPACE
32 Ernest Natalis
  CARREFOURS PSYCHOPEDAGOGIQUES
33 E. Hartmann
  BIOLOGIE DU REVE
34 Georges Bastin
  DICTIONNAIRE DE LA PSYCHOLOGIE SEXUELLE
35 Louis Corman
  PSYCHO-PATHOLOGIE DE LA RIVALITE FRATERNELLE
36 Dr G. Varenne
  L'ABUS DES DROGUES
37 Christian Debuyst, Julienne Joos
  L'ENFANT ET L'ADOLESCENT VOLEURS
38 B.-F. Skinner
  L'ANALYSE EXPERIMENTALE DU COMPORTEMENT, *2ᵉ éd.*
39 D. J. West
  HOMOSEXUALITE
40 R. Droz et M. Rahmy
  LIRE PIAGET, *3ᵉ éd.*
41 José M. R. Delgado
  LE CONDITIONNEMENT DU CERVEAU ET LA LIBERTE DE L'ESPRIT
42 Denis Szabo, Denis Gagné, Alice Parizeau
  L'ADOLESCENT ET LA SOCIETE, *2ᵉ éd.*
43 Pierre Oléron
  LANGAGE ET DEVELOPPEMENT MENTAL, *2ᵉ éd.*
44 Roger Mucchielli
  ANALYSE EXISTENTIELLE ET PSYCHOTHERAPIE PHENOMENO-STRUCTURALE
45 Gertrud L. Wyatt
  LA RELATION MERE-ENFANT ET L'ACQUISITION DU LANGAGE, *2ᵉ éd.*
46 Dr. Etienne De Greeff
  AMOUR ET CRIMES D'AMOUR
47 Louis Corman
  L'EDUCATION ECLAIREE PAR LA PSYCHANALYSE
48 Jean-Claude Benoit et Mario Berta
  L'ACTIVATION PSYCHOTHERAPIQUE
49 T. Ayllon et N. Azrin
  TRAITEMENT COMPORTEMENTAL EN INSTITUTION PSYCHIATRIQUE
50 G. Rucquoy
  LA CONSULTATION CONJUGALE
51 R. Titone
  LE BILINGUISME PRECOCE
52 G. Kellens
  BANQUEROUTE ET BANQUEROUTIERS
53 François Duyckaerts
  CONSCIENCE ET PRISE DE CONSCIENCE

54 Jacques Launay, Jacques Levine et Gilbert Maurey
LE REVE EVEILLE-DIRIGE ET L'INCONSCIENT
55 Alain Lieury
LA MEMOIRE
56 Louis Corman
NARCISSISME ET FRUSTRATION D'AMOUR
57 E. Hartmann
LES FONCTIONS DU SOMMEIL
58 Jean-Marie Paisse
L'UNIVERS SYMBOLIQUE DE L'ENFANT ARRIERE MENTAL
59 Jacques Van Rillaer
L'AGRESSIVITE HUMAINE
60 Georges Mounin
LINGUISTIQUE ET TRADUCTION
61 Jérôme Kagan
COMPRENDRE L'ENFANT
62 Michael S. Gazzaniga
LE CERVEAU DEDOUBLE
63 Paul Cazayus
L'APHASIE
64 X. Seron, J.L. Lambert, M. Van der Linden
LA MODIFICATION DU COMPORTEMENT
65 W. Huber
INTRODUCTION A LA PSYCHOLOGIE DE LA PERSONNALITE, 2ᵉ éd.
66 Emile Meurice
PSYCHIATRIE ET VIE SOCIALE
67 J. Château, H. Gratiot-Alphandéry, R. Doron et P. Cazayus
LES GRANDES PSYCHOLOGIES MODERNES
68 P. Sifnéos
PSYCHOTHERAPIE BREVE ET CRISE EMOTIONNELLE
69 Marc Richelle
B.F. SKINNER OU LE PERIL BEHAVIORISTE
70 J.P. Bronckart
THEORIES DU LANGAGE
71 Anika Lemaire
JACQUES LACAN, 2ᵉ éd. revue et augmentée
72 J.L. Lambert
INTRODUCTION A L'ARRIERATION MENTALE
73 T.G.R. Bower
DEVELOPPEMENT PSYCHOLOGIQUE DE LA PREMIERE ENFANCE
74 J. Rondal
LANGAGE ET EDUCATION
75 Sheila Kitzinger
PREPARER A L'ACCOUCHEMENT
76 Ovide Fontaine
INTRODUCTION AUX THERAPIES COMPORTEMENTALES
77 Jacques-Philippe Leyens
PSYCHOLOGIE SOCIALE, 2ᵉ éd.
78 Jean Rondal
VOTRE ENFANT APPREND A PARLER
79 Michel Legrand
LE TEST DE SZONDI
80 H.J. Eysenck
LA NEVROSE ET VOUS
81 Albert Demaret
ETHOLOGIE ET PSYCHIATRIE
82 Jean-Luc Lambert et Jean A. Rondal
LE MONGOLISME
83 Albert Bandura
L'APPRENTISSAGE SOCIAL
84 Xavier Seron
APHASIE ET NEUROPSYCHOLOGIE
85 Roger Rondeau
LES GROUPES EN CRISE?
86 J. Danset-Léger
L'ENFANT ET LES IMAGES DE LA LITTERATURE ENFANTINE
87 Herbert S. Terrace
NIM, UN CHIMPANZE QUI A APPRIS LE LANGAGE GESTUEL
88 Roger Gilbert
BON POUR ENSEIGNER?
89 Wing, Cooper et Sartorius
GUIDE POUR UN EXAMEN PSYCHIATRIQUE
90 Jean Costermans
PSYCHOLOGIE DU LANGAGE
91 Françoise Macar
LE TEMPS, PERSPECTIVES PSYCHOPHYSIOLOGIQUES
92 Jacques Van Rillaer
LES ILLUSIONS DE LA PSYCHANALYSE
93 Alain Lieury
LES PROCEDES MNEMOTECHNIQUES
94 Georges Thinès
PHENOMENOLOGIE ET SCIENCE DU COMPORTEMENT
95 Rudolph Schaffer
COMPORTEMENT MATERNEL

96 Daniel Stern
MERE ET ENFANT, LES PREMIERES RELATIONS
97 R. Kempe & C. Kempe
L'ENFANCE TORTUREE
98 Jean-Luc Lambert
ENSEIGNEMENT SPECIAL ET HANDICAP MENTAL
99 Jean Morval
INTRODUCTION A LA PSYCHOLOGIE DE L'ENVIRONNEMENT
100 Pierre Oleron et al.
SAVOIRS ET SAVOIR-FAIRE PSYCHOLOGIQUES CHEZ L'ENFANT
101 Bernard I. Murstein
STYLES DE VIE INTIME
102 Rondal/Lambert/Chipman
PSYCHOLINGUISTIQUE ET HANDICAP MENTAL
103 Brédart/Rondal
L'ANALYSE DU LANGAGE CHEZ L'ENFANT
104 David Malan
PSYCHODYNAMIQUE & PSYCHOTHERAPIE INDIVIDUELLE
105 Philippe Muller
WAGNER PAR SES REVES
106 John Eccles
LE MYSTERE HUMAIN
107 Xavier Seron
REEDUQUER LE CERVEAU

Hors collection

Paisse
PSYCHO-PEDAGOGIE DE LA LUCIDITE
Paisse
ESSENCE DU PLATONISME
Anna Michel
L'HISTOIRE DE NIM LE CHIMPANZE QUI PARLE
Collectif
SYSTEME AMDP
Boulangé/Lambert
LES AUTRES, L'EXPRESSION ARTISTIQUE CHEZ LES HANDICAPES MENTAUX

Dossiers

1 Rey
LES TROUBLES DE LA MEMOIRE
5 Kohler
LES ETATS DEPRESSIFS CHEZ L'ENFANT
7 De Waele
LES CAS PROGRAMMES EN CRIMINOLOGIE
9 Tissot
L'AGRAMMATISME
10 Bronckart
FORMES VERBALES CHEZ L'ENFANT

Manuels et Traités

2 Thinès
PSYCHOLOGIE DES ANIMAUX
3 Paulus
LA FONCTION SYMBOLIQUE ET LE LANGAGE
4 Richelle
L'ACQUISITION DU LANGAGE
5 Paulus
REFLEXES-EMOTIONS-INSTINCTS
Droz-Richelle
MANUEL DE PSYCHOLOGIE
Hurtig-Rondal
MANUEL DE PSYCHOLOGIE DE L'ENFANT (Tome 1)
Hurtig-Rondal
MANUEL DE PSYCHOLOGIE DE L'ENFANT (Tome 2)
Hurtig-Rondal
MANUEL DE PSYCHOLOGIE DE L'ENFANT (Tome 3)